Marine-Arsenal
Band 34

Torpedofahrzeug DUKLA, eine Aufnahme vom 20. Dezember 1917. Mit dem Steuerbord-Semaphor (auf der Brücke) wird gerade ein Signal abgesetzt.

Torpedoschiffe und Zerstörer der K. u. K. Marine

Erwin Sieche

PODZUN-PALLAS-VERLAG • 61200 Wölfersheim-Berstadt

LITERATUR (AUSWAHL)

Aichelburg, Wladimir:
K.U.K. MARINEALBUM, Wien, München, Zürich 1976;

Aichelburg, Wladimir:
K.U.K. DAMPFSCHIFFE-Kriegs-, Handels- und Passagierschiffe in alten Photographien, Wien 1982

Bilzer, Franz Ferdinand:
DIE TORPEDOSCHIFFE UND ZERSTÖRER DER K.U.K. KRIEGSMARINE 1867-1918, Graz 1990

Bravetta, Ettore:
LA GRANDE GUERRA SUL MARE, 2 Bände, Mailand 1925

Casali, Antonio/Cattaruzza, Marina:
SOTTO I MARI DEL MONDO - LA WHITEHEAD 1875-1990, Bari 1990

Ferrante, Ezio:
LA GRANDE GUERRA IN ADRIATICO, Rom 1987

Fock, Harald:
SCHWARZE GESELLEN, Band 2: ZERSTÖRER BIS 1914, Herford, 1981

Gellner, Ernesto/Valenti, Paolo:
SAN ROCCO, STORIA DI UN CANTIERE NAVALE, Triest 1990

Halpern, Paul G.:
THE NAVAL WAR IN THE MEDITERRANEAN 1914-1918, USNIP, Annapolis, Ma., USA, 1987

Handel-Mazzetti, Peter:
DIE ÖSTERREICHISCH-UNGARISCHE KRIEGSMARINE VOR UND IM WELTKRIEGE, Klagenfurt ca. 1930

Koudelka, Alfred Freiherr von:
UNSERE KRIEGS-MARINE, Wien 1899

Sokol, Hans Hugo:
ÖSTERREICH-UNGARNS SEEKRIEG 1914-1918, Reprint Graz 1973

Sokol, Hans Hugo:
DES KAISERS SEEMACHT, Wien, München 1980

Schaumann, Walter / Aichelburg, Wladimir / Jung, Peter / Schubert, Peter:
ENDE EINER SEEMACHT - Österreich-Ungarn 1900-1918, Wien 1995

Sondhaus, Lawrence:
THE NAVAL POLICY OF AUSTRIA-HUNGARY 1867-1918, West Lafayette, In., 1994

Ufficio Storico della Marina Militare (Hrsg.):
I CACCIATORPEDINIERE ITALIANI 1900-1971;
Rom 1971

ORGANISATION DER KREUZERFLOTTILLE

Bei Kriegsausbruch umfaßte die Kreuzerflottille laut "Ordre de Bataille der operativen Flotte vom 27. Juli 1914" folgende Einheiten:

1. Kreuzerdivision: SANKT GEORG (Flaggschiff), KAISER KARL VI, KAISERIN UND KÖNIGIN MARIA THERESIA, SZIGETVÁR, ZENTA, ASPERN

1. Torpedoflottille, Führerschiff: SAIDA
1. Torpedodivision: 1. Fahrzeugsgruppe: CSEPEL, TÁTRA, BALATON
                       2. Fahrzeugsgruppe: LIKA, ORJEN, TRIGLAV
2. Torpedodivision: 3. Fahrzeugsgruppe: VELEBIT, DINARA, REKA
                       4. Fahrzeugsgruppe: CSIKÓS, SCHARFSCHÜTZE, PANDUR
3. Torpedodivision: 1. Torpedobootsgruppe: Tb 74, 75, 76, 77
                       2. Torpedobootsgruppe: Tb 50, 51, 73
                       3. Torpedobootsgruppe: Tb 53, 54, 56

2. Torpedoflottille, Führerschiff: ADMIRAL SPAUN
                       Torpedoschiff: Dampfer IV
4. Torpedodivision: 5. Fahrzeuggruppe: TURUL, WILDFANG, HUSZÁR
                       6. Fahrzeuggruppe: STREITER, ULAN, USKOKE
5. Torpedodivision: 4. Torpedobootsgruppe: Tb 55, 68, 70
                       6. Torpedobootsgruppe: Tb 64, 69, 72
6. Torpedodivision: 7. Torpedobootsgruppe: Tb 52, 58, 59
                       8. Torpedobootsgruppe: Tb 60, 62, 63
                       9. Torpedobootsgruppe: Tb 57, 67, 71

Titelbild

Das Bild auf dem Umschlag zeigt zwei Zerstörer des Typs HUSZÁR, nach einem Ölgemälde von August Frh. v. Ramberg. Auf der Umschlagrückseite stellt ein Aquarell von Linenschiffsleutnant Bernhard Jelocnik den Kampf des Zerstörers ULAN mit der französischen Eskadre am 16. 8. 1914 dar.

BILDNACHWEIS:

Fotos von k.u.k. Kriegsschiffen befinden sich in zahlreichen Archiven und Privatsammlungen. Alle Fotos dieses Bandes stammen aus der Sammlung Georg Pawlik, Wien, Dr. Achille Rastelli, Mailand, Imperial War Museum, London, Technisches Museum Prag.

Schiffsskizzen: Franz Bilzer, Georg Pawlik, Erwin Sieche.

© Copyright, 1996
Alle Rechte, auch die des auszugsweisen Nachdrucks, beim PODZUN-PALLAS-VERLAG GmbH,
Kohlhäuserstr. 8
61200 WÖLFERSHEIM-BERSTADT
Tel. 0 60 36 / 94 36 - Fax 0 60 36 / 62 70
Verantwortlich für den Inhalt ist der Autor.
Gesamtredaktion: Siegfried Breyer, Postf. 1136, 63401 Hanau (Für Beantwortung Ihrer Fragen bitte einen frankierten Rückumschlag beifügen!)

Technische Herstellung:
VDM Heinz Nickel, 66482 Zweibrücken
ISBN: 3-7909-0546-1

Vertrieb:
Podzun-Pallas-Verlag GmbH
Kohlhäuserstr. 8
61200 Wölfersheim-Berstadt
Telefon: 0 60 36 / 94 36
Telefax: 0 60 36 / 62 70

Alleinvertrieb
für Österreich:
Pressegroßvertrieb Salzburg
5081 Salzburg-Anif
Niederalm 300
Telefon: 0 62 46 / 37 21

Verkaufspreis für Deutschland: 19,80 DM, Österreich:155,- Schilling, Schweiz 20,80 sfr. zzgl. Versandspesen
Für den österreichischen Buchhandel: Verlagsauslieferung Dr. Hain, Industriehof Stadlau, Dr. Otto-Neurath-Gasse 5, 1220 Wien

TORPEDOSCHIFFE UND TORPEDOFAHRZEUGE (ZERSTÖRER)

Die k.(u.)k. Kriegsmarine setzte in der Ära des Marinekommandanten Maximilian Daublebsky von Sterneck die aus Frankreich kommende Seekriegsdoktrin der 'jeune école' konsequenter in die Tat um, als es in ihrem Mutterland Frankreich oder sonst in jeder anderen Marine geschah. Bemerkenswerterweise war der theoretische Überbau - sozusagen die "Software" - französisch inspiriert, während die technische "Hardware" aus England kam. Denn England war damals die führende Nation in der Technikentwicklung. Gleichsam wie in einer "zoologischen Ordnung" entwickelte man eine ganze Hierachie von Torpedoträgern, wobei man sich - die k. (u.) k. Kriegsmarine war traditionell anglophil - an englische Definitionen anlehnte.

englische Bezeichnung	Länge engl. Fuß Meter	österr. Bezeichnung
Torpedoboat	≤ 100" = 30,48 m	Torpedoboot
Torpedovessel	≤ 200" = 61,00 m	Torpedofahrzeug
Torpedoship	≤ 500" = 150,00 m	Torpedoschiff
Torpedocruiser	500" = 150,00 m	Torpedokreuzer

Die in der Periode Sterneck erdachte Hierarchie war in ihrer letzten Ausprägung einfach: An der Spitze stand der Torpedorammkreuzer als Flottillenführer, ihm zur Seite ein Torpedoschiff, daneben noch ein Torpedo-Fahrzeug; die Basis bildeten die Torpedoboote. Die Logistik wurde durch ein Torpedoschiff vervollständigt.
Das Kampfschema wurde so definiert:
Dem Torpedorammkreuzer fällt die Aufgabe zu, die Flottille ins Gefecht zu führen und dieses mit seinen schweren weittragenden Geschützen einzuleiten. Ebenso soll er mit seinen schweren Geschützen den Rückzug decken und, wenn es die Umstände erfordern, bei dieser Gelegenheit die Ramme einsetzen. Er soll bis zu einem gewissen Grad den Fernkampf mit den feindlichen Schlachtschiffen führen und den Torpedobooten im Bedarfsfall einen momentanen Ersatz an Torpedos, Wasser, Kohle, eventuell auch an Mannschaft bieten.
Das Torpedoschiff hat die Aufgabe, das Vorfeld aufzuklären und den Feind rechtzeitig zu entdecken. Es soll die eigenen Torpedoboote in ihrer Operationsbasis vor Überfällen bewahren, im Gefecht die Verbindung zwischen den einzelnen Torpedoboot-Flottillen herstellen und schließlich auch noch Jagd auf feindliche Torpedoboote machen.
Das etwas kleinere Torpedofahrzeug ist durch seine überlegene Geschwindigkeit ebenfalls ein Torpedoboot-Jäger, der auch Aufklärungsaufgaben hat. Das Torpedodepotschiff fährt nicht mit ins Gefecht, sondern übernimmt in sicherer Entfernung die Aufgabe, Betriebsmittel und Reserve-Torpedos für die kämpfenden Einheiten bereitzuhalten und Reparaturen vor Ort auszuführen.
Parallel zu den Torpedrammkeuzern KAISER FRANZ JOSEPH I. und KAISERIN ELISABETH (vgl. Marine-Arsenal Band 27) beschaffte die k.u.k. Kriegsmarine unter Sterneck auch die anderen Einheiten, die in ihrer Gesamtkonzeption die streng hierarchisch gegliederte Flotte nach dem Konzept der "jeune école" ergaben. Drei Torpedoschiffe: PANTHER (Baujahr 1884/85), LEOPARD (Baujahr 1885) und TIGER (Baujahr 1886/87). Fünf Torpedofahrzeuge: METEOR (Baujahr 1886/87), BLITZ (Baujahr 1888), KOMET (Baujahr 1888), PLANET (Baujahr 1888/89) und TRABANT (Baujahr 1889/90). Dazu das "Fußvolk", 24 Torpedoboote 1. Klasse, zwei des Typs ADLER/FALKE (Baujahr 1884/85) und 22 des Typs SPERBER/HABICHT (Baujahr 1885/92). Damit war ein Großteil der später im Flottenplan von 1891 geforderten Einheiten gebaut.
In jenem Flottenplan 1891 forderte Marinekommandant Sterneck einen Sollstand von drei aktiven und einer Reservedivision von insgesamt 4 Rammkreuzern, 4 Torpedoschiffen, 4 Torpedofahrzeugen und 24 Torpedobooten. Dieser Flottenplan erhielt am 18. 8. 1891 die Zustimmung des Kaisers und wurde am 20. 9. als Exposée dem Ministerrat vorgelegt.
Bei der Zerstörerbeschaffung konstatieren wir eine erste Phase der internationalen Ausschreibungen, um ausländische Hochtechnologie einzukaufen. Zwischen 1886 und 1895 wurden 6 Boote verschiedener Entwürfe bei drei ausländischen Werften bestellt, das Stabilimento Tecnico Triestino trat aber bereits mit einem österreichischen Entwurf auf: METEOR, BLITZ, KOMET von Schichau; PLANET von Palmer; TRABANT vom STT und SATELLIT, MAGNET von Schichau. In der zweiten Beschaffungsphase, 1905, entschied sich die k.u.k. Marine ausschließlich für Yarrow-Entwürfe: den Zerstörer Typ HUSZÀR, von dem in der Folge 13 Boote, und das Tboot KAIMAN, von dem die 23 Boote 51 T bis 73 F auf inländischen Werften nachgebaut wurden. Im Rahmen des großen Flottenbauprogramms von 1910 erfolgte der Übergang zu eigenen Entwürfen mit Turbinenantrieb: die sechs 850/1050 t Zerstörer der TÀTRA-Klasse.
Im September 1911 trat die lange diskutierte Reorganisation der Torpedoeinheiten der aktiven Eskadre in Kraft. Bereits im April 1910 hatte die Operationskanzlei der Marinesektion Vorschläge zur Verbesserung der praktischen Ausbildung der Torpedoeinheiten gemacht. Es sollten größere Verbände geschaffen werden, die über einen längeren Zeitraum hinweg voll einsatzbereit sein müßten. Vorgeschlagen wurde die Schaffung einer Kreuzerflottille, bestehend aus zwei Kreuzern - aus der Reserve-Eskadre-, vier Torpedofahrzeugen - je zwei aus der aktiven und der Reserve-Eskadre - und drei Hochseetorpedobooten aus der aktiven Eskadre. Die Torpedostationen sollten weitere zwölf Torpedoboote abstellen.
Als die Kreuzerflottille im September 1911 aufgestellt wurde, verfügte die aktive Flotte zum ersten Mal über eine das ganze Jahr einsatzbereit gehaltene Einheit. Der Vorteil lag in der erheblich kürzeren Mobilisierungszeit und einer ganzjährigen praktischen Ausbildung der Besatzungen. Bei Kriegsausbruch waren sie die am besten Ausgebildeten.

Damit war die k.u.k. Kriegsmarine die erste der Welt, die der Schlachtflotte bereits 1911 einen solchen Verband zur Seite stellte.

Wie in den anderen Marinen auch wurden Tboote und Zerstörer im Ersten Weltkrieg vorwiegend für eine Fülle anderer Aufgaben verwendet: Küstenüberwachung, Aufklärungsdienst, Deckung von Fliegerangriffen, U-Jagd, Minensuche und hauptsächlich Geleitschutz. Diese starke Beanspruchung führte zu starkem Materialverschleiß, so daß diese Fahrzeuge bei Kriegsende in schlechtem Zustand waren. Kriegsverluste wurden nur in bescheidenem Rahmen mit langen Bauzeiten durch die vier Zerstörer des Typs Ersatz TRIGLAV ersetzt. Nach Kriegsende wurden die Fahrzeuge, die in besserem Zustand waren, an die Marinen von Italien, Frankreich, Portugal, Rumänien, Griechenland und Jugoslawien verteilt. Die anderen wurden zur Ersatzteilgewinnung ausgeschlachtet und abgewrackt. Offiziell wurde in der k.u.k. Kriegsmarine nur die Bezeichnung Torpedofahrzeug verwendet, die sehr anglophil orientierten Offiziere verwendeten im Alltagsgebrauch natürlich die Bezeichnung Zerstörer oder sogar Destroyer. In dieser Arbeit wird daher die etwas sperrige Bezeichnung Torpedofahrzeug nur vereinzelt gebraucht.

DIE TORPEDOSCHIFFE DER ZARA-KLASSE (ZARA, SPALATO, SEBENICO, LUSSIN)

Bereits im März 1872 war vorgeschlagen worden, für die neue Waffe, den Torpedo, ein eigenes eisernes Schiff zu bauen. Pate standen das britische Torpedoschiff HMS VESUVIUS und der deutsche Aviso ZIETEN. In der Folge wurden die Torpedoschiffe ZARA, SPALATO und die modifizierten Nachzügler SEBENICO und LUSSIN gebaut. Diese Einheiten bestachen zwar durch ihre elegante jachtartige Linienführung, erwiesen sich aber binnen kurzer Zeit mit 11 bis 12 kn als zu langsam und daher für die Arbeit mit den immer schneller werden Tbooten ungeeignet. Sie wurden sehr schnell ausgesondert und anderen Aufgaben zugeführt.

ZARA: 16. 2. 1884 Beischiff des Torpedoschulschiffes; 1886 Beischiff der Torpedoschule; 1890-96 mit Unterbrechungen in Reserve; 1898/99 Kesselwechsel; 1903-06 Beischiff der Torpedoschule; 1906 Adaptierung zum Zöglings-Instruktionsschiff; 14. 10. 1913 - Mai 1914 Tender der Torpedoschule; ab 21. 5. 1914 Tender der Seeaspirantenschule; ab 28. 7. 1914 Wachschiff in der Bocche di Cattaro/Boka Kotorska; 18. 6. 1917 auf der Fahrt von Cattaro nach Pola Explosion im Vorschiff, nach provisorischer Reparatur nach Pola, Schiffs- und Kesselreparatur, Änderung der Bewaffnung; bis Kriegsende Beischiff der Seeaspirantenschule; bei Kriegsende in Pola; Ende Januar 1920 von den alliierten Marinedelegationen in Paris Italien zum Abbruch zugesprochen.

Hauptdaten:
852,22 ts Konstruktions-/883 ts Maximalverdrängung; Abmessungen: 62,71 üa x 8,22x4,10 m; Antrieb: 5 Zyl. Kessel, ab 1899 3 Lok-Kessel, 2 liegende 2-Zylinder Maschinen; 1.800 PSi/14 kn, ab 1899 707 PSi/10 kn; Bewaffnung: 4x9 cm L/24, 1x7 cm L/15, 1x47 mm Mitr., 4x47 mm L/33, 2x25 mm Mitr., 2 ow TR 35 cm Bug, 2 ow TR 35 cm Breits., ab 1917: 2x7 cm L/45, 4x47 mm L/33, 4x47 mm L/44, 2 ow TR 35 cm Bug; Besatzung: 148 Mann.

SPALATO: 1881-84 aufgeslipt an Land; 1888-95 in II. Reserve; danach für Übungskreuzungen in Dienst; 1. 8. 1897 Bestimmung zum Beischiff des Artillerieschulschiffes RADETZKY, Einbau zusätzlicher 12- und 15-cm-Geschütze; 1900 in Reserve; 1901 Kesselwechsel, im Juni d. J. neuerliche Umbewaffnung; 1902-14 Beischiff des Artillerieschulschiffes; 15. 4. 1914 bis 24. 5. 1915 außer Dienst, danach Wachschiff zur lokalen Verteidigung von Veruda; Ende Januar 1920 von den alliierten Marinedelegationen in Paris Italien zum Abbruch zugesprochen.

Hauptdaten:
852,22 ts Konstruktions-/931,25 ts Maximalverdrängung; Abmessungen: 62,71 üa x 8, 22x4,10 m; Antrieb: 5 Zyl. Kessel, ab 1901 4 Zyl. Kessel, 2 liegende 2-Zylinder Maschinen; 1.370 PSi/12,63 kn, ab 1901 1.169 PSi/11, 13 kn; Bewaffnung; 4x9 cm L/24, 1x7 cm L/15, 1x47 mm Mitr., 4x47 mm L/33, 2x25 mm Mitr., 2 ow TR 35 cm Bug, ab 1898: 2x15 cm L/26, 1x12 cm L/40, 2x9 cm L/24, 1x47 mm L/44, 1x47 mm Rev. Kan., 4x47 mm L/33, 2x37 mm L/23, 2x25 mm Mitr., 2 ow TR 35 cm Bug, ab 1901: 2x12 cm L/40, 1x7 cm L745, 1x37 mm Mitr., 1x47 mm L/44, 2 0w TR 35 cm Bug; ab 1917: 2x7 cm L/45, 4x47 mm L/33, 4x47 mm L/44, 2 ow TR 35 cm Bug; Besatzung: 148 Mann.

SEBENICO: 1884 Eskadre, Fahrt nach Griechenland, 15. 5. nach Rückkehr außer Dienst; 1885-93 Reserve; 1. 9.-31. 12. 1893 Maschinenschulschiff der Übungseskadre; 1. 10. 1893-3. 2. 1895 Stationär in Tenedos; ab 26. 9 Heizerschulschiff der Übungseskadre; Nov. 1895-7. 5. 1896 zweites Stationschiff in Konstantinopel; 22. 10.-31. 12. 1896 Übungseskadre; Januar 1897 Stationär in Piräus, 3. 2.-4. 5. 1897 bei der internationalen Blockadeflotte vor Chanià/Kreta, nach Rückkehr abgerüstet; 1898-1900 in Reserve, Kesselwechsel; Mai 1901 bis 14. 9. 1901 Heizerschulschiff; 1902 Stationsschiff im Golf von Cattaro; 1903 Adaptierung zum Beischiff der Artillerieschule, in dieser Funktion bis Mai 1915; Mai 1915 bis Mai 1917 Wachschiff in Novigrad (im Mare Novigrad/Novigradsko more, einer geschützten und abgelegenen Ausbuchtung des Velebit Kanals, waren während des Krieges die ungarischen Handelsschiffe aufgelegt); 26. 8. 1918 der Torpedoschule zugewiesen; Ende Januar 1920 von den alli-

SPALATO war während des Krieges Wachschiff zur lokalen Verteidigung. Man beachte den Barr & Stroud Entfernungsmesser in der Bildmitte.

ierten Marinedelegationen in Paris Italien zum Abbruch zugesprochen.
Hauptdaten:
876,7 ts Konstruktions-/964,2 ts Maximalverdrängung; Abmessungen; 64,91 üa x 8, 24x4,20 m; Antrieb: 5 Zyl. Kessel, ab 1899 4 Zyl. Kessel, 2 liegende 2-Zylinder Maschinen; 1.488 PSi/12,81 kn, ab 1901 913 PSi/11,76 kn; Bewaffnung: 4x9 cm L/24, 1x7 cm L/15, 4x47 mm L/33, 2x25 mm Mitr., 1 uw TR 35 cm Bug, ab 1903: 2x12 cm L/40, 1x7 cm L/45, 4x47 mm L/44, 4x47 mm L/33, 2x37 mm L/23, 2 Mgs 8 mm, 1 uw TR 35 cm Bug; Besatzung: 148 Mann.

LUSSIN: Mai bis Juni 1886 Stationär in Griechenland; Mai bis Juni 1887 Übungseskadre; 1888 Reserve; 1889 Maschinenschulschiff; 1890 als Heizerschulschiff in Dienst, während der Sommereskadre Torpedoboot-Divisionsschiff; ebenso 1892, 1893 und 1894; 1895 Heizerschulschiff; 1896 Kesselwechsel; 1897-98 Heizer- und Maschinenschulschiff; 1. 10. 1898-30. 3. 1899 Tb-Mutterschiff; 1902 Reserve, Kesselwechsel; ab 1. 1. 1903 Stationsschiff in Cattaro bis 27. 11. 1909; 30. 11. 1909 außer Dienst; Umbau zur Admiralitätsjacht mit Dieselmotorenantrieb; 1913 als Admiralitätsjacht in Dienst; 1916-18 Wohnschiff für deutsches U-Bootpersonal in Pola; Ende Januar 1920 von den alliierten Marinedelegationen in Paris Italien zugesprochen, umbenannt in SORRENTO; 1924 von der italien. Staatseisenbahn für den Passagierdienst im Golf von Neapel in Dienst gestellt, 1928 gestrichen.
Hauptdaten:
1.011,7 ts Konstruktions-/1 122,5 ts Maximalverdrängung; Abmessungen: 79,75 üa x 8, 42x4,06 m; Antrieb: 5 Zyl. Kessel, 2 liegende 2-Zylinder Maschinen; 1.767,5 PSi/12,95 kn; Bewaffnung: 2x15 cm L/35, 1x7 cm L/15, 5x47 mm Rev. Kan., 2x25 mm Mitr.; Besatzung: 153 Mann.

Dieses Foto des Torpedoschiffs LUSSIN entstand während des Trauergeleits der k.u.k. Kriegsmarine für das ermordete Thronfolgerpaar am 30. 6./1. 7. 1914, die Flagge ist Halbmast gesetzt. Diese Ansicht hebt die elegante, yachtartige Linienführung dieser Schiffsklasse besonders hervor.

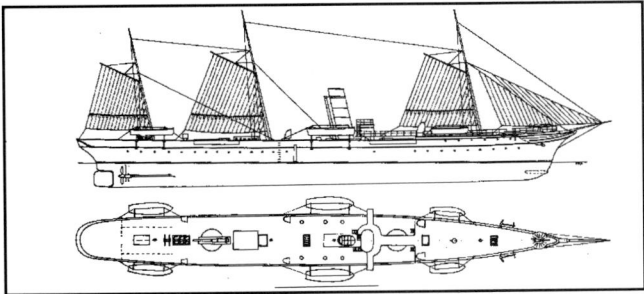

Torpedoschiff LUSSIN, Seiten- und obere Ansicht.

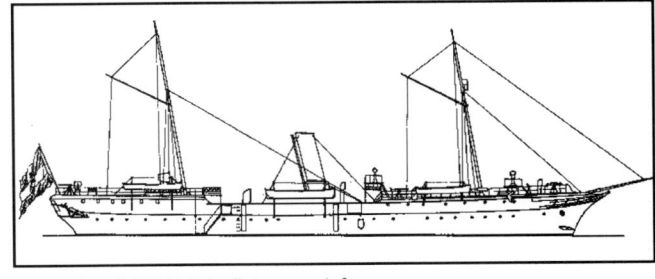

Torpedoschiff ZARA, Seitenansicht.

Auf ZARA explodierten während der Verlegungsfahrt von Cattaro nach Pola am 18. 6. 1917 die Abfeuerungsmechanismen der Bugtorpedorohre und zerfetzten große Teile des Vorschiffs. Trotz der dramatisch aussehenden Schäden blieb das Schiff schwimmfähig. Im vorderen Schott sieht man deutlich die Ausnehmungen für die beiden Bugtorpedorohre.

Der 1882-83 beim STT gebaute Nachzügler LUSSIN war um etwa 15 m länger und führte anfangs im Unterschied zu den Schwesterschiffen drei Masten. Lussin ist der alte italienische Name für Stadt und Insel Lošinj.

Das 1880-82 im Seearsenal Pola gebaute Torpedoschiff SEBENICO. Sein elegantes, jachtartiges Aussehen täuscht ein schnelleres Schiff vor, als es tatsächlich war. Mit kaum 12 kn Höchstgeschwindigkeit war dieser Typ für die Arbeit mit den schnellen Torpedobooten nicht geeignet. Sebenico ist der alte italienische Name für die Hafenstadt Šibenik.

Die 1878-79 beim STT erbaute SPALATO wurde als Beischiff des Artillerieschulschiffs zweimal umbewaffnet. Die Erker für die 12 cm L/40 achtern sind hier deutlich zu sehen. Spalato ist der alte italienische Name für die Hafenstadt Split.

ZARA nach der Reparatur im Zentralkriegshafen Pola. Im Vordergrund läuft soeben ein deutsches U-Boot des Typs U 69 ein.

DIE TORPEDOSCHIFFE PANTHER UND LEOPARD

In einem Memorandum vom 8. 9. 1884 skizzierte Marinekommandant Sterneck seine Vorstellungen vom Ausbau der k.u.k. Flotte. Die Zusammensetzung dieser "Jeune École-Flotte" wurde bereits an früherer Stelle beschrieben. Neben Torpedorammschiffen als billigere Antwort auf die kostspieligen Schlachtschiffe forderte er u.a., "Torpedoschiffe von etwa 1.500 t Verdrängung und 18 bis 19 kn Geschwindigkeit...". Über den k.u.k. Marineattaché in London wurden fünf Offerte eingeholt. Nach deren Studium erhielt W. G. Armstrong, Mitchell & Co, Elswick in Newcastle on Tyne den Zuschlag für den Bau von zwei Torpedoschiffen I. Kl., Schiffbauingenieur Siegfried Popper wurde zur Bauaufsicht nach London kommandiert. Bei einer Zentrierungsrechnung stellte er fest, daß die Tauchungsdifferenz zwischen Vorder- und Achtersteven bei voll ausgerüstetem Schiff 1,5 m betragen würde. Chefkonstrukteur William White bestritt das anfänglich, mußte den Fehler aber schließlich zugeben. Durch die Umschichtung verschiedener Gewichtskomponenten konnte diese Differenz schließlich auf ca. 0,75 m verringert werden.

Nach der Fertigstellung nahmen PANTHER und LEOPARD als Führerschiffe der T-Flottillen an den jährlichen Übungen der Eskadre teil. Ab 1896 wurden sie abwechselnd für Missionsreisen beziehungsweise den Stationsdienst in Ostasien eingesetzt. Ab 1903 - zusammen mit den Kreuzern der ZENTA-Klasse - als Kreuzer III. Kl., ab 1909 als Kleine Kreuzer klassifiziert.

PANTHER: 25. 4.-27. 5. 1888 mit der Eskadre bei der Weltausstellung in Barcelona; 1. 5. 1896-28. 2. 1898 Missionsreise nach Ostasien; 1899 außer Dienst; 1900 und 1901 Sommereskadre; 26. 1.-26. 2. 1902 Missionsreise nach Rabat mit Geschenken für den Sultan von Marokko; 15. 1. 1905-22. 12. 1906 Missionsreise nach Ostafrika - Handelsmission zum abessinischen Kaiser Menelik nach Addis Abbeba - und Ostasien; 1911-13 Stationsschiff in Triest; während des Krieges in der Bocche di Cattaro; 9. 9. 1914 Teilnahme an der Bekämpfung der Lovcen-Batterien, ebenso 8., 9. 1. 1916; 15. 2. 1917 abgerüstet, Wohnschiff der U-Bootstation Gjenovic; 6. 5. 1917 nach Pola, 29. 5. als seegehendes Schulschiff in Dienst; Ende Januar 1920 von den alliierten Marinedelegationen in Paris Großbritannien zugesprochen, an italienische Firma zum Abwracken in Messina verkauft.

LEOPARD: 25. 4.-27. 5. 1988 mit der Eskadre bei der Weltausstellung in Barcelona; bei Übung am 25. 6. 1888 auf Grund gelaufen, zur Reparatur nach Pola; 1889-90 in Reserve: 1891 Sommereskadre; 1892 in Reserve; 1893 Sommereskadre; 1894-96 in Reserve; 12. 4. 1897-12. 4. 1889 bei der Blockade-Eskadre vor Kreta; 1. 10. 1900-1. 10. 1901 Missionsreise nach Australien, Polynesien und Ozeanien; 1902, 1903 Sommereskadre; 20. 9. 1907-13. 4. 1909 Missionsreise nach Ostasien, Flußfahrt auf dem Yang-tse-kiang; 1910 bis 1913 in Reserve; 14. 2.-15. 5. 1915 Schulschiff der Torpedoschule; während des Krieges Wachschiff zur lokalen Verteidigung des Kanals von Fasana; Ende Januar 1920 von den alliierten Marinedelegationen in Paris Großbritannien zugesprochen, an italienische Firma zum Abwracken in Messina verkauft.

Hauptdaten:
1.582 ts Konstruktion-/1.730 ts Maximalverdrängung; Abmessungen: 73,38x10,39x4,28 m; Antrieb: 4 Doppelender Zyl. Kessel, 2 stehende 2-Zylinder Verbund-Maschinen; 6.195 PSi/19,04 kn; Bewaffnung: 2x12 cm L/35 C80, 4x47 mm L/33, 6x47 mm Mitr., 4 ow TR 35 cm (1 B, 1 H, 2 S); 1891: Ersatz der 47 mm L/33 und der 47 mm Mitr. durch 10x47 mm L/44; ab 1909: 4x7 cm L/45, 10x47 mm L/44, 3 ow TR 35 cm (1 B, 2 S); Besatzung 186 Mann.

Das 1884/85 bei Armstrong in Elswick gebaute Torpedoschiff PANTHER wurde 1903 zum Kreuzer 3. Kl. umklassifiziert.

LEOPARD im Schwimmdock. Man beachte das Bugtorpedorohr und den ausgeprägten Rammbug.

Während des Krieges war PANTHER in der Bocche di Cattaro stationiert. Hier liegt der Germania-Bau U4 mit qualmenden Dieselmotoren längsseits.

Unten:
Das 12 cm L/35 Geschütz auf PANTHER kam von F. Krupp und hatte ein gußstählernes Mantel-Ringrohr mit Rundkeilverschluß. Das Rohr war in einer Vorderpivot-Ausrennlafette gelagert.

Torpedoschiff PANTHER, Seiten- und obere Ansicht.

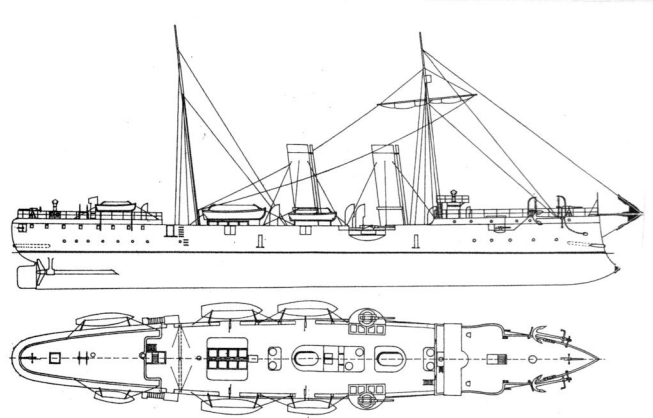

TORPEDOSCHIFF TIGER

Im Juli 1885 erhielt Schiffbauingenieur Popper den Auftrag, Pläne für ein drittes Torpedoschiff auszuarbeiten. Für diese Einheit taucht erstmals die Bezeichnung "Torpedokreuzer" auf. Die Marineverwaltung schwankte zwischen einem gänzlich neuen Entwurf mit Panzerdeck oder einem Nachbau des Armstrong-Entwurfs. Schließlich einigte man sich auf einen verbesserten Nachbau mit 50 t mehr Verdrängung, einer um 2 Stück 12 cm verstärkten Bewaffnung und einem Schutzdeck aus 2 Lagen 18-mm-Blech über den Kessel- und Maschinenräumen. Nach Einholung eines Gegenofferts bei Armstrong entschied man sich für den Entwurf Poppers, der beim STT in San Rocco gebaut wurde. Zum Bau des vierten nach dem Flottenplan 1891 vorgesehenen Torpedoschiffs (PUMA?) kam es nicht mehr, weil man inzwischen die Ergebnisse des neuen italienischen Kreuzers GIOVANNI BAUSAN abwarten wollte. Die internationale Entwicklung ging in Richtung Leichter Kreuzer, der man sich konsequenterweise anschloß. Sie mündete im Bau der leichten Kreuzer (Kreuzer 3. Klasse) der ZENTA-Klasse (vgl. "Marine-Arsenal" Nr. 27). 1904 stellte sich die Frage, die Bewaffnung zu modernisieren oder, wie bei PANTHER und LEOPARD, zu reduzieren. Im Hinblick auf den guten Zustand des Schiffsrumpfs wurde entschieden, den bald 20 Jahre alten Torpedokreuzer als Ersatz für die alte PELIKAN zur Admiralitätsjacht umzubauen.

TIGER: 1888 und 1889 Führerschiff der T-Flottille bei der Sommereskadre; 21. 7.-21. 9. 1890 im Verband der k.u.k. Nordsee-Eskadre nach England, Dänemark und Deutschland (gemeinsam mit den Barbette-Schiffen KRONPRINZ ERZHERZOG RUDOLF und KRONPRINZESSIN ERZHERZOGIN STEFANIE, vgl. Marine-Arsenal Nr. 14, S. 3, und dem Kreuzer KAISER FRANZ JOSEPH I., vgl. Marine-Arsenal Nr. 27, S. 4), 3. 9. Inspektion der Eskadre in die Kieler Bucht durch den deutschen Kaiser Wilhelm II.; 1891, 1892 und 1894 Sommereskadre; 1893, 1895 und 1896 in Reserve; 8. 3. 1897 zur Verstärkung der k.u.k. Blockade-Eskadre vor Kreta in Dienst gestellt, 29. 3. Sudabucht ein; am 12. 4. ein von türkischen Truppen aufgegebenes Blockhaus mit Artillerie zerstört, mehre Blockadekreuzungen, Fahrten mit türkischen Truppen nach Canea/ Chanilà; 31. 3. 1898 Pola ein, abgerüstet; bis 29. 1. 1906 gestrichen und unter dem Namen LACROMA in die Kategorie der Schiffe für spezielle Zwecke eingereiht. Danach Dienst als Admiralitätsjacht, Fahrten mit Thronfolger Erzherzog Franz Ferdinand, dem Flottenkommandanten, Repräsentationsaufgaben bei den Stapelläufen ERZHERZOG FRANZ FERDINAND (30. 9. 1908) und SZENT ISTVAN (15. 1. 1914); April 1915 abgerüstet; ab 16. 7. 1916 Wohnschiff für deutsche U-Bootoffiziere in Pola; 15. 11. 1918 vom Komitee der alliierten Adria-Admiräle dem neuen jugoslawischen Marinekommandanten von Pola, Admiral Methoch Koch, für die Fahrt zum Internierungsplatz Spalato zugeteilt; 25. 11. 1918 Eintreffen in der Bucht Sette Castelli/Kastelanski zaljev, wo bereits die beiden Schlachtschiffe RADETZKY und ZRINYI und die beiden Tboote 12 und 52 von der US Navy interniert worden waren (vgl. Marine-Arsenal Nr. 14, S. 20), führt am 2. 12. als Flaggschiff die Flagge des am Vortag proklamierten Königreichs SHS; Ende Januar 1920 von den alliierten Marinedelegationen in Paris Großbritannien zugesprochen, an italienische Firma zum Abwracken verkauft.

Hauptdaten:
1.683 ts Konstruktionsverdrängung; Abmessungen: 74,16x10,55x4,30 m; Antrieb: 4 Doppelender Zyl. Kessel, 2 stehende 2-Zylinder Verbund-Maschinen; 6.222 PSi/19,25 kn; Bewaffnung: 4x12 cm L/35 C80, 6x47 mm L/44, 4x47 mm Mitr., 4 ow TR 35 cm (1 B, 1 H, 2 S); Besatzung: 188 Mann.
Als LACROMA: 2.987 PSi/16,22 kn; Bewaffnung; 4x47 mm L/44 Skoda, 2x47 mm L/44 Hotchkiss.

Der Torpedokreuzer TIGER wurde 1906 zur Admiralitätsjacht LACROMA umgebaut. Nach dem Zusammenbruch der Monarchie versuchte der neue SHS-Flottenchef, Admiral Method Koch, die LACROMA zu requirieren. Er konnte sich aber nur kurze Zeit seiner Beute erfreuen. Lacroma ist der alte italienische Name für die vor Dubrovnik liegende Insel Lokrum.

DIE TORPEDOFAHRZEUGE DER KLASSE METEOR (METEOR, BLITZ, KOMET)

Da sich die Torpedoschiffe der Klasse ZARA als ungeeignet erwiesen hatten, nahm die österr. Marineverwaltung im Juni 1886 mit F. Schichau, Elbing, Verhandlungen über den Bau eines Torpedojägers auf. Dazu gab es durch Privatinitiative des österr. Konstrukteurs Viktor Lollok bereits einen Vorschlag für ein Doppelschraubenschiff mit folgenden Eigenschaften: 1. gleiche Manövrierfähigkeit wie Tboote bei überlegener Geschwindigkeit, 2. größerer Aktionsradius, 3. ausreichend starke Artillerie. Lollok überarbeitete seinen Entwurf gemeinsam mit dem deutschen Anbieter zu einem Einschraubenschiff, das deutliche Anklänge mit dem damals bei F. Schichau für die kaiserlich deutsche Marine gebauten Divisionsbooten D 1, D 2 zeigt. Trotz der Einwände, z.B. gegen den Einschraubenantrieb, den Rammbug und die unzeitgemäße Hilfsbesegelung, wurde am 30.11.1886 der Bau einer 'Torpedo-Vedette' an F. Schichau vergeben. Denn Ing. Lollok argumentierte, daß eine erneute Umarbeitung des Projekts zu Zeitverzögerungen und erheblichen Kostensteigerungen führen würde. Nach der Übernahme stellten sich einige der vorhergesagten Mängel als gravierend heraus: Selbst bei mäßiger Fahrt nahm der durch das Bug-TR in seiner Linienführung noch zusätzlich gestörte Rammbug Wasser auf. Die Masten waren für die Besegelung zu schwach und vibrierten. Die Heizfläche erwies sich als zu klein, so daß der Betriebsdruck nicht gehalten werden konnte, was sich natürlich negativ auf die Geschwindigkeit auswirkte. Die Bewaffnung mit 9 kurzen 47 mm SFK war zu schwach, die Unterkünfte für die Mannschaft unzulänglich und die Lage des Mannschaftsaborts neben der Küche unzumutbar. Darüber hinaus wurde die vertragliche Höchstgeschwindigkeit von 22,5 kn nicht erreicht. Obwohl von Folgebauten abgeraten wurde, bestellte man dennoch im Oktober 1887 zwei weitere bei Schichau. Als einziges Zugeständnis wurde diese um 2 m verlängert.

Der erste, 1886-87, bei Schichau gebaute k.u.k. Zerstörer, METEOR, zeigt Anklänge an die deutschen Divisionsboote D1, D2.

METEOR: nach Indienststellung 1888 in den jeweiligen Sommereskadren, zwischendurch in Reserve; 1904 Einbau eines 35 cm Decks TR; ab Kriegsbeginn mit Italien bei der lokalen Verteidigung von Pola; ab Februar 1918 1x7 cm Flak L/45 vorne; Ende Januar 1920 von den alliierten Marinedelegationen in Paris Italien zum Abbruch zugesprochen.

BLITZ: nach Indienststellung 1889 in den jeweiligen Sommereskadren; 20.11.1895-26.3.1896 Piräus/bzw. Levante; 10.4.-3.12.1897 bei der internationalen Blockadeflotte vor Chaniá/Kreta; 1902 abgerüstet; 1903 Einbau eines 35 cm Deck TR anstelle der achteren 47 mm SFK; bis 1905 in Reserve; während des Krieges bis 1917 in der Bocche di Cattaro stationiert; Ende Januar 1920 von den alliierten Marinedelegationen in Paris Italien zum Abbruch zugesprochen.

KOMET: nach Indienststellung 1889 in den jeweiligen Sommereskadren, zwischendurch in Reserve; 10.4.-16.10.1897 bei der internationalen Blockadeflotte vor Chaniá/Kreta; 1904 Einbau eines 35 cm Deck TR anstelle der achteren 47 mm SFK; 1912 Umbau auf Yarrow WR-Kessel und zwei Schornsteine; 1915 Entfernung des Bug TR, dafür 45 cm Decks TR auf Vorschiff, Austausch des achteren 35 cm Decks TR gegen ein 45 cm; ab Februar 1918 2x7 cm Flak L/45 vorne; während des Krieges 4 mal aufgelaufen, jedesmal wieder geborgen: 14.10., 12.11.1915, 28.9.1918 bei der Bergung neuerlich aufgelaufen; Ende Januar 1920 von den alliierten Marinedelegationen in Paris Italien zum Abbruch zugesprochen.

Hauptdaten:
METEOR: 360 ts Konstruktions-/422 ts Maximalverdrängung; Abmessungen: 58,74x7,40x2,11 m; BLITZ, KOMET: 360 ts Konstruktions-/420 ts Maximalverdrängung: Abmessungen: 60,68x7,42x2,11 m; Antrieb: 2 Lok.-Kessel, 1 3-Zyl.-3fach-Expansions-Maschine; METEOR: 2.700 PSi/19,7 kn, BLITZ, KOMET: 2900 PSi/21 kn; Bewaffnung: 2x47 mm L/44, 7x47 mm L/33, 1 ow Bug TR 35 cm; Besatzung: 60 Mann. Bewaffnungsänderungen siehe Lebensläufe.

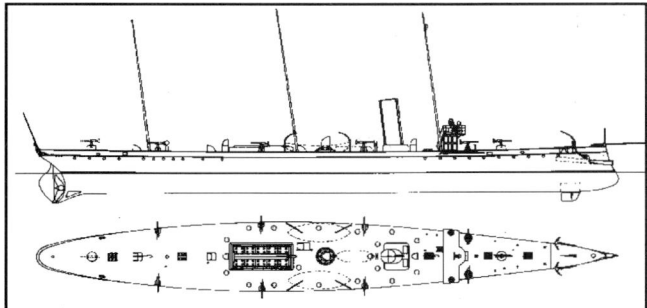

BLITZ, Aussehen ab 1904.

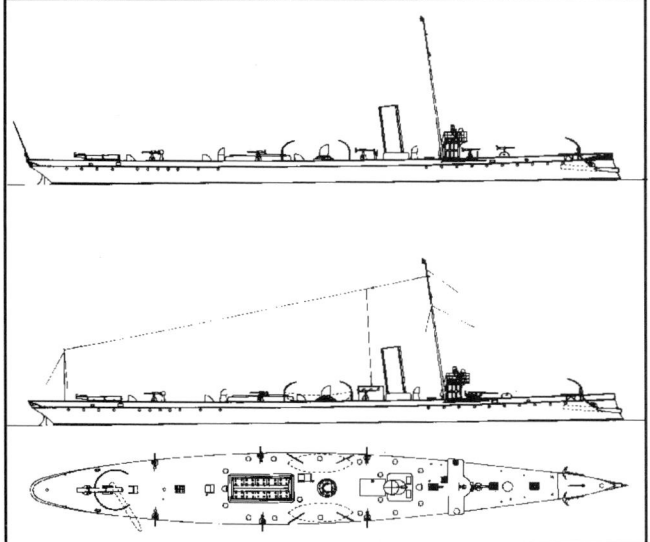

Oberer Seitenriß: METEOR ab 1904; darunter: METEOR 1918.

KOMET erreichte mit 2.900 PSi 21 kn Höchstgeschwindigkeit.

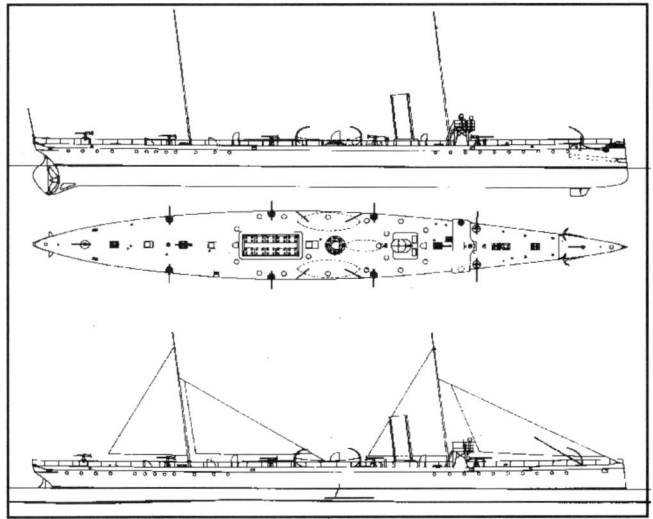

BLITZ und KOMET, oben Seiten- und obere Ansicht, darunter Segelplan.

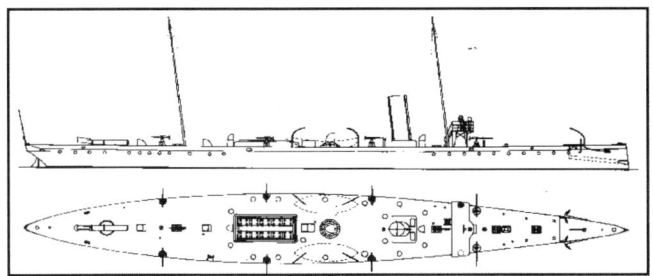

BLITZ, Aussehen ab 1904.

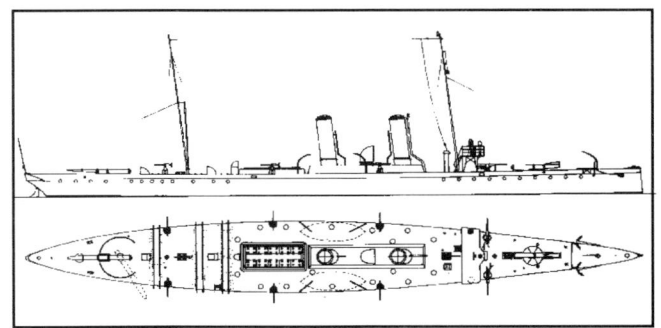

KOMET, Aussehen 1918.

KOMET erhielt 1913 Yarrow-Kessel und zwei Schornsteine. Obwohl veraltet, blieben alle drei Schichau-Zerstörer während des Ersten Weltkriegs aktiv.

Der vergrößerte Nachfolgebau BLITZ bei der Meilenfahrt. Das Bugtorpedorohr schneidet unter und erhöht damit den Strömungswiderstand.

DIE TORPEDOFAHRZEUGE PLANET UND TRABANT

Bereits während des Baues des Einschraubenschiffs METEOR waren die Bedenken bezüglich Maschinenleistung und Betriebssicherheit so stark geworden, daß man ein Zweischraubenschiff entwerfen ließ. Ing. Lollok modifizierte seinen Entwurf des METEOR zu einem 490-t-Schiff mit zwei Schrauben, Ing. Soyka reichte einen für ein 490-t-Schiff ein. Sechs ausländische Werften und das STT wurden zum Offert für beide Entwürfe eingeladen. Nach deren Prüfung wurde entschieden, je eine 490-t-Einheit beim STT und eine bei Palmers in Yarrow in Auftrag zu geben. Beide Werften hatten Schwierigkeiten mit der Realisierung des Entwurfs in den vorgegebenen Deplacementgrenzen und mußten Änderungen vornehmen. Die Palmers-Bau PLANET erreichte die vertragliche Höchstgeschwindigkeit von 20,5 kn nicht und hatte 40 t Mehrverdrängung. Das STT erklärte sich überhaupt außerstande, das geforderte Schiff nach den Plänen Soykas zu verwirklichen, daher wurden diese fallengelassen und das Schiff neu entworfen. Auch der STT-Bau TRABANT erreichte die vertragliche Höchstgeschwindigkeit von 20,5 kn nicht. Trotz dieser Mängel wurden beide Fahrzeuge von der k.u.k. Kriegsmarine übernommen.

PLANET: 1894-96 Teilnahme an den jährlichen Sommereskadren; 1897-99 in Reserve; April bis September Stationsschiff Konstantinopel; 1903 Kesselwechsel (v 18,69 kn!) ab 31.8.1903 Beischiff der Sekadettenschule; 1.2.-15.5.1914 Torpedoschule; mit Kriegsbeginn bei der lokalen Verteidigung von Pola; Februar 1918 beide 7 cm L/42 durch L/45 ersetzt; Ende Januar 1920 von den alliierten Marinedelegationen in Paris Italien zum Abbruch zugesprochen.

TRABANT: 1891-94 Teilnahme an den jährlichen Sommereskadren; 1895 mit einem k.u.k. Schiffsverband zur Eröffnung des Nord-Ostsee-Kanals (vgl. Marine-Arsenal Nr. 27, S. 5, 9); 1897-98 in Reserve; Ende Oktober bis 23.12.1899 mit der schweren Division Reise ins östl. Mittelmeer; 1901-04 in Reserve; 1905 Kesselwechsel; 1906-07 Eskadre; 1907-08 in Reserve; 1909 Küstenvermessung in Dalmatien; 1910-11 in Reserve; 1912-14 Übungsschiff der Marineakademie Fiume; während des Krieges bei der lokalen Verteidigung von Pola, Minenlegeaufgaben; Ende Januar 1920 von den alliieren Marinedelegationen in Paris Italien zum Abbruch zugesprochen.

Der 1889-90 beim STT gebaute Zerstörer TRABANT fuhr im Juni 1895 mit einer k.u.k. Eskadre zur Eröffnung des Kaiser Wilhelm Kanals nach Deutschland. Als Nr. 6 in der Schiffskolonne fuhr TRABANT durch den Kanal von Hamburg bzw. Brunsbüttel nach Kiel. Das Bild zeigt den Zerstörer mit großer Flaggengala und der deutschen Kriegsflagge im Topp.

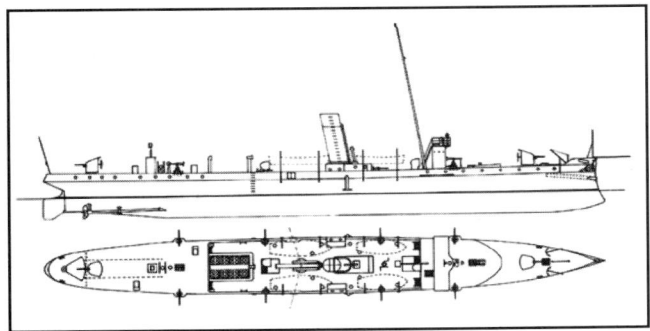

Torpedofahrzeug PLANET, Seiten- und obere Ansicht.

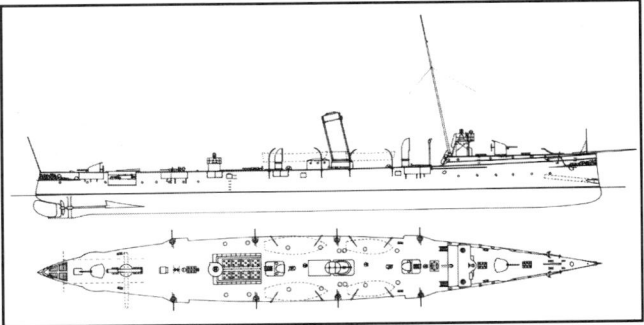

Torpedofahrzeug TRABANT, Aussehen 1891.

Hauptdaten:
PLANET: 506,2 ts Konstruktions-/540 ts Maximalverdrängung; Abmessungen: 66,9x7,06x2,78 m; TRABANT: 530,28 ts Konstruktions-/610 ts Maximalverdrängung; Abmessungen: 68,85x8,20x2,45 m; Antrieb: 4 Lok.-Kessel, 2 3-Zyl.-Maschinen; PLANET: 3.556 PSi/19,39 kn; TRABANT 3.500 PSi/20,33 kn; Bewaffnung : 2x7 cm L/42, 8x47 mm L/44, 1 ow Bug TR und 1 Decks TR 35 cm; Besatzung: 84 Mann.

Der 1888-89 bei Palmers in Yarrow gebaute Zerstörer PLANET erreichte mit 3.556 PSi eine Geschwindigkeit von 19,39 kn. Damals war der Anstrich der k.u.k. Torpedoeinheiten: schwarzer Rumpf, weiße Aufbauten und ockerfarbene Kamine.

Wie bei den anderen ersten k.u.k. Zerstörern war auch bei PLANET die Kommandobrücke auf den gepanzerten Kommandostand aufgesetzt. Dessen Sehschlitze sind deutlich zu sehen. Man beachte die 37 mm SFK L/44 auf elastischem Ständer.

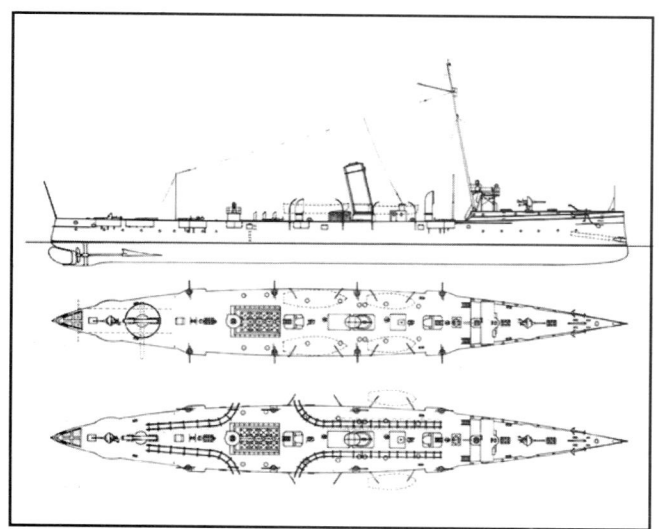

TRABANT, Seiten- und obere Ansicht 1918; darunter obere Ansicht mit mob-mäßigen Mineneinrichtungen.

TRABANT während des Krieges mit mattgrauem Anstrich in Pola.

TORPEDOFAHRZEUG SATELLIT

Abgesehen davon, daß die geforderte Geschwindigkeit nicht erreicht wurde, war die k.u.k. Kriegsmarine mit dem STT-Entwurf für TRABANT offensichtlich zufrieden. Daher wurde ein verbesserter und vor allem schnellerer Nachfolgebau beim STT und bei F. Schichau zum Offert ausgeschrieben. Schichau erhielt als Billigstbieter den Zuschlag, das Stahlmaterial lieferten die Österr. Alpine Montangesellschaft aus Leoben/Donawitz bzw. Gebr. Böhler & Co in Kapfenberg in der Steiermark.

SATELLIT: bei der Probefahrt am 12.4.1894 Kollision mit Panzerfregatte HABSBURG, Vorstehen und Bug TR gebrochen und verbogen; 1895 in Reserve; 17.2.-27.12.1897 bei der internationalen Blockadeflotte vor Chanià/Kreta; 1898-99 in Reserve; 1900 Sommereskadre; 1901, 1903 in Reserve, 1902 Kesselwechsel, Sommereskadre; 20.1.-27.6.1904 in der Levante; 1.2.-23.4.1905 mit der Eskadre in der Levante; 1906 Bug TR wegen Deformierung entfernt, Reserve bis 1908, 1908 Einbau von zwei Breitseit Decks TR; 1912 Einbau von drei Yarrow WR-Kesseln und 3 Schornsteinen; Juni bis Oktober 1913 und März bis August 1914 Vermessungsschiff; während des Krieges Minenlegeaufgaben, bei der lokalen Verteidigung von Pola, Minensuch- und -legefahrten, bis Kriegsende über 100 Konvoifahrten; Februar 1918 7cm L/42 durch L/45 ersetzt; bei Kriegsende in der Bocche di Cattaro; Ende Januar 1920 von den alliierten Marinedelegationen in Paris Frankreich zum Abbruch zugesprochen, im Frühjahr 1920 über Bizerta nach Toulon geschleppt und dort abgebrochen.

Hauptdaten:
529,2 ts Konstruktions-/616 ts Maximalverdrängung; Abmessungen: 69,2x8,15x2,42 m; Antrieb: 4 Lok.-Kessel, 2 3-Zyl.-Maschinen; 4.800 PSi/22 kn; Bewaffnung: 1x7 cm L/45,8x47 mm L/44, 1 ow Bug TR und 1 Decks TR 35 cm; Besatzung: 70, im Krieg 85 Mann. Bewaffnungsänderungen siehe Lebenslauf.

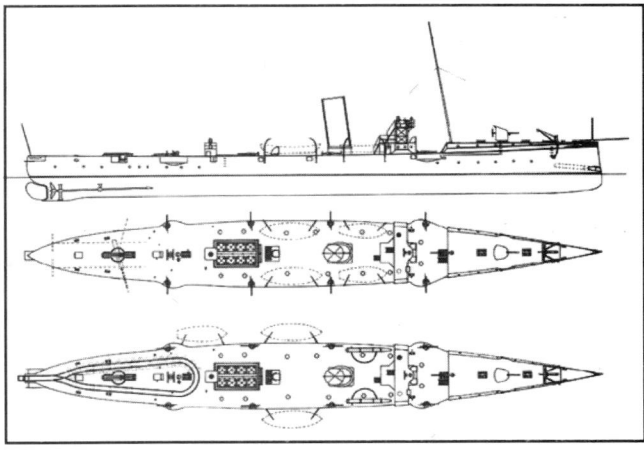

SATELLIT, Aussehen 1893 bis 1903, Seiten- und obere Ansicht, darunter obere Ansicht mit mob-mäßigen Mineneinrichtungen.

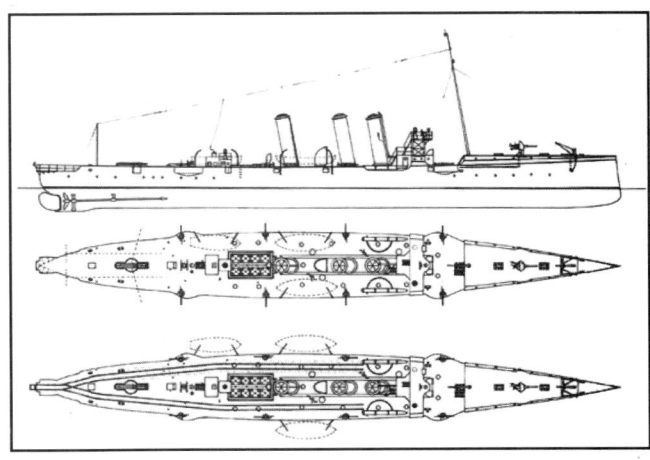

SATELLIT, Aussehen 1915 bis 1918, Seiten- und obere Ansicht, darunter obere Ansicht mit Mineneinrichtungen.

Der 1882 bei Schichau gebaute Zerstörer SATELLIT. Ab 15. 5. 1913 waren alle Torpedoeinheiten aus Kostengründen vollständig schwarz gestrichen.

Rechts:
SATELLIT erhielt 1912 Yarrow-Kessel und drei Schornsteine. Anfang Oktober 1915 wurde angeordnet, auch die Torpedoeinheiten mattgrau zu streichen. Auch dieser Zerstörer blieb während des Krieges aktiv.

TORPEDOFAHRZEUG MAGNET

Im Sommer 1892 wurde ein Entwurfswettbewerb für einen verbesserten Typ PLANET/TRABANT ausgeschrieben, bei dem sechs Projekte eingereicht wurden. Nach der offiziellen Probefahrt von SATELLIT war man mit den günstigen Geschwindigkeitswerten so zufrieden, daß man beschloß, von diesem Typ nicht abzugehen und keine weiteren eigenen Entwürfe ausarbeiten zu lassen. Trotz Einwänden, daß ein dem neuen englischen Zerstörer Typ DARING analoger Entwurf dem internationalen Trend im Zerstörerbau besser entsprechen würde, wurde der Auftrag erneut an F. Schichau vergeben, wobei die Hauptabmessungen freigestellt blieben. Der 1896 ausgeführte Bau erhielt den Namen MAGNET und erreichte bei der offiziellen Abnahmefahrt 25,97 kn, die Durchschnittsgeschwindigkeit bei der fünfstündigen Dauerfahrt betrug 25,72 kn, 1,72 kn mehr als vertraglich festgelegt. Damit war innerhalb eines Jahrzehnts die Geschwindigkeit um 20 % oder 5 kn gesteigert worden.

Dieser Zerstörertyp wurde von F. Schichau in der Folge erfolgreich auch an andere Marinen verkauft. Italien bestellte zwischen 1899 und 1911, 6 Zerstörer des Typs DARDO (320/354 t; 62x6,5x2,6 m; 6.000 PSi/30 kn; 1x7,6 cm L/40,5x57 mm, 2 TR 35,6 cm; 59 Mann.) Und Rußland baute 1904-1906 in Lizenz 4 Zerstörer der EMIR BUCHARSKIJ-Klasse mit deutschem Material bei Sandvik/Helsingfors und Putilov/St. Petersburg nach (570/650 t; 72,5x8,2x2,3 m; 6.500 PSi/26 kn; 2x7,5 cm, 6x57 mm, 3 TR; 99 Mann).

MAGNET: 26.11.1897-12.4.1898 bei der internationalen Blockadeflotte vor Chanià/Kreta; danach Eskadre; 1900 in Reserve; 1904-06 in Reserve; Eskadre; 1915/16 Station Lussin; 2.8.1916 Sicherung beim Bergungsversuch des gestrandeten italien. U-Bootes GIACINTO PULLINO, dabei vom italien. U-Boot SALPA torpediert, Heck abgerissen; Schiff bleibt schwimmfähig, wird eingeschleppt und repariert; neue Heckform, Bewaffnungsänderung auf 2x7 cm L/45, 4x47 mm L/44,1, 1 Mg 8 mm, TR w.o.; anschließend wieder Station Lussin bis Kriegsende, Konvoifahrten und Ub-Suchfahrten Ende Januar 1920 von den alliierten Marinedelegationen in Paris Italien zum Abbruch zugesprochen.

Hauptdaten:
485,04 ts Konstruktions-/544 ts Maximalverdrängung; Abmessungen: 71x8,20x2,30m; nach Repar. ab Sept. 1916: 68,82x8,20x2,40 m; Antrieb: 4 WR.-Kessel, 2 3-Zyl.-Maschinen; 5.776 PSi/25,72 kn; Bewaffnung: 6x47 mm L/44, 3 ow Deck TR 35 cm; Besatzung: 85 Mann. Bewaffnungsänderungen siehe Lebenslauf.

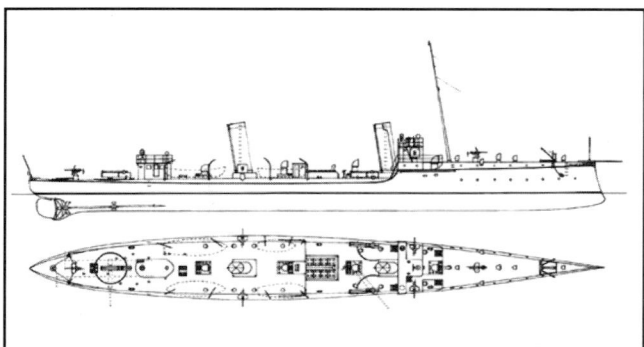

Oben: MAGNET, Aussehen 1897 bis 1908, Seiten- und obere Ansicht.

Rechts: Oben MAGNET, Aussehen Herbst 1914 bis 2.8.1916, Seitenansicht.
Unten MAGNET, Aussehen Dezember 1916 bis 1918, Seiten- und obere Ansicht.

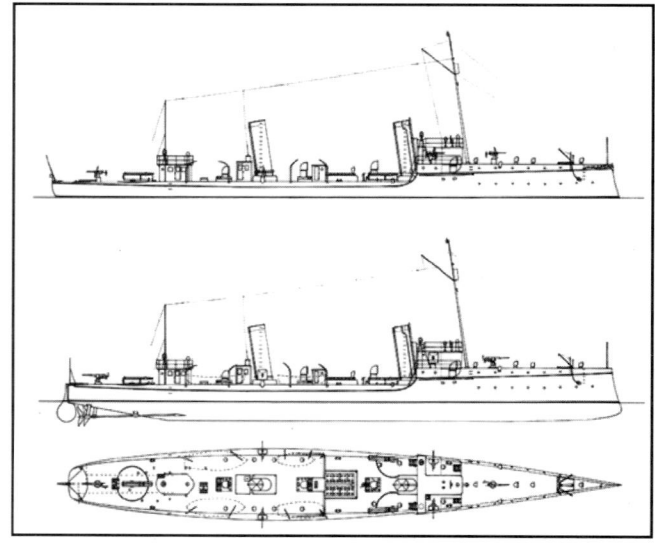

MAGNET wurde am 2. 8. 1916 durch das italien. U-Boot SALPA torpediert. Das Heck wurde abgerissen, aber der Zerstörer blieb schwimmfähig. Er wurde eingeschleppt und repariert, wobei das alte scharfe Schichau-Heck durch ein abgerundetes Yarrow-Heck ersetzt wurde.

MAGNET stellt den erfolgreichen Schichau-Entwurf für den Exportmarkt dar. Mit 5.776 PSi erreichte dieser Zerstörer eine Höchstgeschwindigkeit von 25,72 kn. Er ist vollkommen schwarz gestrichen. Dahinter die beiden Torpedokreuzer PANTHER und LEOPARD.

DIE TORPEDOFAHRZEUGE DER HUSZÁR-KLASSE

Der Flottenplan 1898 sah den Bau von acht Einheiten eines verstärkten Typs MAGNET vor, die aber nie gebaut wurden. Die in den Jahren 1899/1900 bewilligten Geldmittel wurden vor allem für den Bau des Panzerkreuzers ST. GEORG und der Schlachtschiffe der HABSBURG-Klasse verwendet. In der Zwischenzeit war in England die Entwicklung des Zerstörers ganz besonders vorangetrieben worden, der bei Yarrow für Rußland gebaute Zerstörer SOKOL erreichte 1895 mit 4.000 PSi bereits 30,1 kn. Im Marinebudget 1905 wurden im Rahmen es Zusatzbetrages in der Höhe von 62,7 Mio. Kronen, "zur möglichst raschen Herstellung der Kriegsbereitschaft", ein Betrag von 15,3 Mio. Kronen für die "nicht mehr länger aufschiebbare Erneuerung der Torpedobootsstreitkräfte und die Beschaffung von Torpedofahrzeugen" bereitgestellt. Wegen der Erfahrung mit der mühsamen Entwicklung der ersten 7 Fahrzeuge 1886-95 und der zehnjährigen Unterbrechung im Zerstörerbau entschloß man sich, die Kinderkrankheiten einer Eigenkonstruktion zu vermeiden und ein Musterboot bei einer ausländischen Firma zu bestellen, die einschlägige Erfahrung besaß.

Die japanische Marine hatte mit ihren bei Yarrow in Poplar, London, gebauten Zerstörern beste Erfahrungen gemacht. So bestellte die k.u.k. Marineverwaltung 1904 dort ein 400 t/27kn Torpedofahrzeug. Bedingung war, daß die Maschine identisch - und daher austauschbar - mit jener des ebenfalls bestellten 200 t Hochsee-Torpedoboots (Typ KAIMAN) sein mußte. Gegenüber dem japanischen Entwurf wurden die Brücke und der vordere Schornstein etwas weiter nach achtern versetzt, um das Decks TR hinter der Walrückenback plazieren zu können. Nach diesem Musterboot sollte dieser Typ dann in heimischen Werften in Lizenz nachgebaut werden.

Am 28.11.1904 wurde mit dem STT der Vorvertrag über die Lieferung von 6 Torpedofahrzeugen und 18 Torpedobooten geschlossen.

Nach dem zwischen den beiden Reichshälften beschlossenen Quotensystem war jeweils eine Hälfte in österreichischen Werften, die andere in ungarischen zu bauen. Die Ungarn gründeten zu diesem Zweck bereits 1892 gemeinsam mit den Howaldtswerken Kiel eine Werft in Brgudi, einem Vorort von Fiume/Rijeka. Nachdem die Deutschen 1903 aus dem Vertrag ausgestiegen waren, fusionierten auf Druck der ungarischen Regierung die Budapester Maschinenfabrik Ganz&Co und die Donauwerft Danubius und betrieben die Werft in Fiume unter dem Namen Ganz & Co - Danubius. Allerdings schritt der Ausbau des Betriebs nur langsam voran. Am 17.1.1907 wurden auf Drängen der Werft die Kontrakte für den Bau von 6 Torpedofahrzeugen und 10 Hochsee-Torpedobooten übermittelt. Erst am 2.3.1907 eröffnete der ungarische Handelsminister, Franz Kossúth v. Udvárd, offiziell die Werft.

Die Fahrzeuge der HUSZÁR-Klasse glichen weitgehend den von Yarrow für Japan gebauten Zerstörern der IKAZUCHI- bzw. AKATSUKI-Klasse und entsprachen dem internationalen Stand im Zerstörerbau. Während des Krieges zeigte sich jedoch, daß sie infolge ihrer niedrigen Verdrängung nicht über genügend Seefähigkeit verfügten, so daß ihre Einsatzfähigkeit bei schwerem Wetter begrenzt war. Bei allen Einheiten dieser Klasse wurden die Schornsteine ab 1911 wegen des Aschenfluges und der daraus resultierenden Beeinträchtigung des Brückenpersonal erhöht, ein Teil erhielt eine zusätzliche Versteifung des Waldrückendecks auf dem Vorschiff und eine verstärkte Ankerauflage. Zwischen 1910 und 1913 wurden auf allen Einheiten die 47 mm SFK L/44 durch 7 cm L/30 Geschütze ersetzt, 1915 erhielten die Fahrzeuge ein 8 mm Mg in Fla-Lafette, 1918 anstelle der achteren 7 cm L/30 eine 7 cm Flak L/45.

HUSZÁR (I): Am 3.12.1908 vor der Bocche di Cattaro durch Navigationsfehler bei schönem Wetter um 08.10 Uhr bis zum vorderen Kesselraum auf das Riff Albanese aufgelaufen; Bergungsversuche in den nächsten Tagen bleiben wegen aufkommenden Sturms erfolglos; in der Nacht zum 12.12. bei schwerem Scirocco in 3 Teile gebrochen und in 15 m Tiefe gesunken; in der Folge alle 4 Kessel, beide Schraubenwellen, eine Schraube und das gesamte Heck geborgen; der Kommandant wurde am 24.6.1909 zu sechsmonatigem Arrest verurteilt, dessen Restabbüßung ihm im November 1909 gnadenweise erlassen wurde. Am 10.4.1909 erhielt das Seearsenal Pola den Auftrag, unter weitgehender Verwendung des geborgenen noch brauchbaren Materials einen Ersatzbau, HUSZÁR (II), auf Stapel zu legen. Siehe dort.

ULAN: Am 18.8.1914 während Blockadekreuzung vor Montenegro gemeinsam mit ZENTA vom französischen Mittelmeergeschwader (17 Einheiten!) gestellt, während der Kreuzer versenkt wird, entkommt der Zerstörer; während des Krieges zahlreiche Aufklärungs-, Konvoi- und Sicherungsfahrten für Kreuzervorstöße; Ende Januar 1920 von den alliierten Marinedelegationen in Paris Griechenland zugesprochen, umbenannt in SMIRNI, 1931 gestrichen und abgebrochen.

STREITER: Während des Krieges zahlreiche Aufklärungs-, Minenlege-, Konvoi- und Sicherungsfahrten für Kreuzervorstöße; 29./30.9.1917 gemeinsam mit HUSZÁR (II), TURUL, VELEBIT und 4 Tbooten vor der Po-Mündung Rückhaltegruppe für österr. Luftangriff auf Ferrara, dabei halbstündiges Parallelgefecht mit italien. Zerstörern SPARVIERO, ABBA, ACERBI, AUDACE, STOCCO, ARDENTE und ARDITO; STREITER nimmt VELEBIT in Schlepp; 28./29.11.1917 gemeinsam mit HUSZÁR, DUKLA und 4 Tbooten Beschießung der italien. Ostküste bei Metauro, zum Rückmarsch Vereinigung mit TRIGLAV-Gruppe, Sichtkontakt aber keine Gefechtsberührung mit 10 anmarschierenden italien. Zerstören; 12.12.1917 gemeinsam mit 5 Zerstörern, 9 Tbooten und 12 M-Booten Sicherung der Beschießung der Cortellazzo-Batterien[1] durch Schlachtschiffe BUDAPEST und ÁRPÁD und Rapidkreuzer ADMIRAL SPAUN, Aktion wegen Schlechtwetters bald abgebrochen; 16.4.1918 bei Geleitfahrt von D. PETKA vor Medveja/Istrien gerammt und 1 sm vor der Küste in 60 m Tiefe gesunken. 2 Tote.

WILDFANG: Während des Krieges zahlreiche Aufklärungs-, Minenlege-, Konvoi- und Sicherungsfahrten für Kreuzervorstöße; 3.2.1916 Beschießung der italien. Ostküste; 2.8.1916 gemeinsam mit WARASDINER Beschießung von Molfetta, bei der Vereinigung mit der Rückhaltegruppe ASPERN und 2 Tbooten Gefecht mit italien. Zerstörern NINO BIXIO, NIEVO, PILO, ABBA, MOSTO, ARDENTE, INDOMITO; 3./4.6. 1917 Fliegerdeckung im Golf von Triest, dabei am 4.6. um 01.29. 24 sm westl. Peneda auf Treibmine gelaufen, Totalverlust, 25 Tote.

SCHARFSCHÜTZE: Während des Krieges zahlreiche Aufklärungs-, Minenlege-, Konvoi- und Sicherungsfahrten für Kreuzervorstöße; 24./25.5.1915 beim Angriff der gesamten k.u.k. Flotte auf die italien. Ostküste über Heck fahrend in den Kanal von Porto Corsini eingedrungen, Landzielbeschuß; 22./23.12.1916 gemeinsam mit DINARA, REKA, VELEBIT Vorstoß in die Otrantostraße, ein Drifter versenkt, Gefecht mit italien. und französ. Zerstörern; 12.12.1917 gemeinsam mit 5 Zerstörern, 9 T-Booten und 12 M-Booten Sicherung der Beschießung der Cortellazzo-Batterien durch Schlachtschiffe BUDAPEST und ÁRPÁD und Rapidkreuzer ADMIRAL SPAUN, Aktion wegen Schlechtwetters bald abgebrochen; 8.2.1918 bei Geleitsicherung Feindberührung, von D. BUDAPEST am Heck gerammt; 2.10.1918 während der Räumung von Durazzo/Durres mit DINARA und einem Tboot Geleitsicherung für 3 Dampfer und ein Spitalschiff, von einem englisch-italien. Verband aus Kreuzern, Zerstörern und MAS angegriffen, letztes Gefecht von k.u.k. Zerstörern mit feindl. Einheiten; bei Kriegsende in der Bocche di Cattaro. Ende Januar 1920 von den alliierten Marinedelegationen in Paris Italien zum Abbruch zugesprochen.

USKOKE: Während des Krieges zahlreiche Aufkärungs-, Minenlege-, Konvoi- und Sicherungsfahrten für Kreuzervorstöße; 16.3.1916 Hilfeleistung bei der Bergung von TURUL, 23.6.1916 Beschießung der italien. Ostküste; 4.4.1918 Abteilung Veith zur Kommandoaktion gegen Ancona geschleppt; 9.6.1918 für geplanten Angriff auf die Otrantosperre gemeinsam mit CSIKÓS, 3 Tbooten und Schlachtschiff ERZHERZOG FRIEDRICH Rückhaltegruppe E, Wartestellung Bocche di Cattaro. (Abbruch der Aktion wegen Untergangs von SZENT ISTVÁN). Ende Januar 1920 von den alliierten Marinedelegationen in Paris Italien zum Abbruch zugesprochen.

TURUL: Während des Krieges zahlreiche Aufklärungs-, Minenlege-, Konvoi- und Sicherungsfahrten für Kreuzervorstöße; 13.6.1916 um 03.03 Uhr bei Kap Planka aufgelaufen, geborgen, zur Reparatur nach Pola; 9.6.1918 für geplanten Angriff auf die Otrantosperre gemeinsam mit 5 Tbooten und Schlachtschiff ERZHERZOG FERDINAND MAX Rückhaltegruppe C, Wartestellung Bocche di Cattaro. (Abbruch der Aktion wegen Untergangs von SZENT ISTVÁN.); Ende Januar 1920 von den alliierten Marinedelegationen in Paris Italien zum Abbruch zugesprochen.

PANDUR: Während des Krieges zahlreiche Aufklärungs-, Minenlege-, Konvoi- und Sicherungsfahrten für Kreuzervorstöße; 3.5.1916 mit CSIKÓS, VELEBIT vor Porto Corsini im Gefecht mit italien. Zerstörern; 12.12.1917 gemeinsam mit 5 Zerstörern, 9 Tbooten und 12 M-Booten Sicherung der Beschießung der Cortellazzo-Batterien durch Schlachtschiffe BUDAPEST und ÁRPÁD und Rapidkreuzer ADMIRAL SPAUN, Aktion wegen Schlechtwetters bald abgebrochen; 9.6.1918 für geplanten Angriff auf die Otrantosperre gemeinsam mit HUSZÁR, 3 Tbooten und Schlachtschiff ERZERZOG KARL Rückhaltegruppe D, Wartestellung Bocche di Cattaro. (Abbruch der Aktion wegen Untergangs von SZENT ISTVÁN). Bei Kriegsende in Cattaro; Ende Januar 1920 von den alliierten Marinedelegationen in Paris Frankreich zum Abbruch zugesprochen, im Frühjahr 1920 über Bizerta nach Toulon geschleppt und dort abgebrochen.

CSIKÓS: Während des Krieges zahlreiche Aufklärungs-, Minenlege-, Konvoi- und Sicherungsfahrten für Kreuzervorstöße; 3.5.1916 mit PANDUR, VELEBIT vor Porto Corsini im Gefecht mit italien. Zerstörern; 9.6.1918 für geplanten Angriff auf die Otrantosperre gemeinsam mit USKOKE, 3 Tbooten und Schlachtschiff ERZHERZOG FRIEDRICH Rückhaltegruppe E, Wartestellung Bocche di Cattaro. (Abbruch der Aktion wegen Untergangs von SZENT ISTVÁN). 2.7.1918 gemeinsam mit BALATON und 2 Tbooten Fliegerdeckung sü. Piavemündung, Gefecht mit italien. Zerstörern ORSINI, STOCCO, SIRTORI, CERBI, AUDACE, LA MASA, MISSORI. Treffer im achteren Maschinenraum, 2 Verwundete; bei Kriegsende in Pola; Ende Januar 1920 von den alliierten Marinedelegationen in Paris Italien zum Abbruch zugesprochen.

REKA: Während des Krieges zahlreiche Aufklärungs-, Minenlege-, Konvoi- und Sicherungsfahrten für Kreuzervorstöße; 22./23.12.1916 gemeinsam mit SCHARFSCHÜTZE, VELEBIT, DINARA Vorstoß in die Otrantostraße, ein Drifter versenkt, Gefecht mit italien. und französ. Zerstörern, zwei Treffer in die Schornsteine erhalten; 28./29.11.1917 gemeinsam mit TRIGLAV (II), DINARA und 4 Tbooten Beschießung der italien. Ostküste bei Metauro; zum Rückmarsch Vereinigung mit DUKLA-Gruppe, nur Sichtung aber keine Gefechtsberührung mit 10 anmarschierenden italien. Zerstörern; bei Kriegsende in der Bocche di Cattaro; Ende Januar 1920 von den alliierten Marinedelegationen in Paris Frankreich zum Abbruch zugesprochen, im Frühjahr 1920 (? über Bizerta nach Toulon geschleppt und dort) abgebrochen.

VELEBIT: Während des Krieges zahlreiche Aufklärungs-, Minenlege-, Konvoi- und Sicherungsfahrten für Kreuzervorstöße; 13.8.-1914 Bergung von Überlebenden und Leichen des vor Brioni auf der Höhe von Fasana auf eigene Mine gelaufenen Lloyddampfers BARON GAUTSCH[2]; Mai 1915 Einbau eines Doppel TR anstelle des Einzelrohres; 23.7.1915 Beschießung der italien. Ostküste; 3.5.1916 mit CSIKÓS, PANDUR vor Porto Corsini im Gefecht mit italien. Zerstörern; 22./23.12.1916 gemeinsam mit SCHARFSCHÜTZE, REKA, DINARA Vorstoß in die Otrantostraße, ein Drifter versenkt, Gefecht mit italien. und französ. Zerstörern; 29./30.9.1917 gemeinsam mit HUSZÁR (II), TURUL, STREITER und 4 Tbooten vor der Po-Mündung Rückhaltegruppe für österr. Luftangriff auf Ferrara, dabei halbstündiges Parallelgefecht mit italien. Zerstörern SPARVIERO, ABBA, ACERBI, AUDACE, STOCCO, ARDENTE und ARDITO; von STREITER nach Ruderhavarie und Brand in Schlepp genommen; 9.6.1918 für geplanten Angriff auf die Otrantosperre gemeinsam mit 4 Tbooten und Schlachtschiff TEGETTHOFF Rückhaltegruppe F, Wartestellung Bocche di Cattaro. (Abbruch der Aktion wegen Untergangs von SZENT ISTVÁN). Bei Kriegsende in Pola; Ende Januar 1920 von den alliierten Marinedelegationen in Paris Italien zum Abbruch zugesprochen.

DINARA: Während des Krieges zahlreiche Aufklärungs-, Minenlege-, Konvoi- und Sicherungsfahrten für Kreuzervorstöße; 22./23.12.1916 gemeinsam mit SCHARFSCHÜTZE, REKA, VELEBIT Vorstoß in die Otrantostraße, ein Drifter versenkt, Gefecht mit italien. und französ. Zerstörern, 2 Treffer in die Aufbauten erhalten, 2 Tote; 28./29.11.1917 gemeinsam mit TRIGLAV (II), REKA, und 4 Tbooten Beschießung der italien. Ostküste bei Metauro; zum Rückmarsch Vereinigung mit DUKLA-Gruppe, nur Sichtung aber keine Gefechtsberührung mit 10 anmarschierenden italien. Zerstörern; 7.12.1917 Beschießung der italien. Ostküste, 8.12., 00.43 Uhr 20 sm nördlich von Ancona von U-Boot torpediert, Zündversager; 17.3.1918 gemeinsam mit Tb 100 Geleit des deut. U 43, auf vorausfahrendes U-Boot aufgefahren, kurz darauf von Tb 100 am Heck gerammt, nach Fiume/Rijeka eingeschleppt; Reparatur in Porto Ré; 2.10.1918 während der Räumung von Durazzo/Durres mit SCHARFSCHÜTZE und einem Tboot Geleitsicherung für 3 Dampfer und ein Spitalschiff, von einem englisch-italien. Verband aus Kreuzern, Zerstörern und MAS angegriffen, letztes Gefecht von k.u.k. Zerstörern mit feindl. Einheiten; bei Kriegsende in Pola; Ende Januar 1920 von den alliierten Marinedelegationen in Paris Italien zum Abbruch zugesprochen.

HUSZÁR (II): Während des Krieges zahlreiche Aufklärungs-, Minenlege-, Konvoi- und Sicherungsfahrten für Kreuzervorstöße; 29./30.9.1917 gemeinsam mit VELEBIT, TURUL, STREITER und 4 Tbooten vor der Po-Mündung Rückhaltegruppe für österr. Luftangriff auf Ferrara, dabei halbstündiges Parallelgefecht mit italien. Zerstörern SPARVIERO, ABBA ACERBI, AUDACE, STOCCO, ARDENTE und ARDITO; 28./29.11.1917 gemeinsam mit STREITER, DUKLA und 4 Tbooten Beschießung der italien. Ostküste bei Metauro, zum Rückmarsch Vereinigung mit TRIGLAV-Gruppe, Sichtkontakt aber keine Gefechtsberührung mit 10 anmarschierenden italien. Zerstörern; 9.5.1918 mißlungene Kommandoaktion zur Sprengung einer italien. Bahnlinie zwischen Mugnano und Silvi; 9.6.1918 für geplanten Angriff auf die Otrantosperre gemeinsam mit PANDUR, 3 Tbooten und Schlachtschiff ERZHERZOG KARL Rückhaltegruppe D, Wartestellung Bocche di Cattaro. (Abbruch der Aktion wegen Untergangs von SZENT ISTVÁN). Bei Kriegsende in Pola; Ende Januar 1920 von den alliierten Marinedelegationen in Paris Italien zum Abbruch zugesprochen.

Hauptdaten:
390 ts Konstruktions-/420 ts Maximalverdrängung; Abmessungen: 67,13x6,25x1,78 m; Antrieb: 4 Yarrow WR.-Kessel, 2 4-Zyl.-Maschinen; 6.000 PSi/28,5 kn; Bewaffnung: 1x7 cm L/45, 7x47 mm L/44, 2 ow Deck TR 45 cm; ab 1910/11 47 mm SFK ersetzt durch 7 cm L/30; Besatzung: 70 Mann. Weitere Bewaffnungsänderungen siehe Lebensläufe.

China hatte im "großen Flottenprogramm" von 1908 den Ausbau der Flotte vorgesehen. Zu diesem Zweck hatte sich vom 30.12.1909 bis 1.1.1910 eine chinesische Marinedelegation unter Führung von Admiral Scha, der auch der kaiserliche Prinz Tsai S'hun angehörte, zu einer fact-finding-mission in Pola aufgehalten und war dann weiter nach Deutschland gereist. Die Empfehlung der Kommission mündete im "Kleinen Vierjahresprogramm" von 1910, welches drei 3.000-t-Ausbildungskreuzer (CHAO HO-Klasse), acht 500-t-Kanonenboote, 1 Zerstörer und 1 Transporter vorsah. Am 1.4.1911 wurde beim STT für die chinesische Regierung nach den Plänen von HUSZÁR der Zerstörer LUNG TUAN auf Stapel gelegt. Die Bewaffnung bestand aus 2x7,62 cm L/50 und 47 mm L/50 SFK geliefert von Elswick, und 4x45 cm TR in Doppelapparaten, geliefert von Whitehead, Fiume. Bei den Probefahrten am 1.7.1912 wurden mit 6.747 PSi die geforderten 30,65 kn erreicht, worüber sich der chinesische Gesandte in Wien bei einem Besuch lobend äußerte. Am 10.10.1911 war jedoch inzwischen in China die "Revolution der Jungchinesen zur radikalen Erneuerung Chinas" unter Dr. Sun Yat-sen mit seiner "Nationalen Volkspartei" Kuomintang ausgebrochen. Die folgenden innenpolitischen Wirren mündeten in der Abdankung der Mandschu-Dynastie, der Gründung der Republik und weiter in der "Präsidentschaft auf Lebenszeit" von Marschall Yüan Sche-kai im März 1913. Durch diesen Machtwechsel wurden Auslandsverträge nicht mehr eingehalten und das STT saß auf einem Neubau. Man bot den Zerstörer bereits im November 1912 der k.u.k. Kriegsmarine an, die aber kein Interesse zeigte. Bei Kriegsausbruch änderte sich das schlagartig, und die Marine kaufte LUNG TUAN um 1,292.000,- Kronen an. Die bereits eingebaute englische Bestückung wurde durch österr. Geschütze ersetzt.

WARASDINER: am 1.8.1914 von Triest nach Pola geschleppt, 28.8. unter dem Namen WARASDINER in die k.u.k. Kriegsmarine übernommen; während des Krieges zahlreiche Aufklärungs-, Minenlege-, Konvoi- und Sicherungsfahrten für Kreuzervorstöße; 5.12.1915 gemeinsam mit NOVARA, HUSZÁR (II), PANDUR, TURUL und 3 Tbooten aus Cattaro Vorstoß gegen San Giovanni di Medua/Shengjin, WARASDINER nimmt 27 Mann des an der Bojanmündung gestrandeten französ. U-Bootes FRÉSNEL gefangen und zerstört dieses durch Geschützfeuer; 4.5.1916 Hilfeleistung bei der Einbringung der torpedierten CSEPEL; 2.8.1916 gemeinsam mit WILDFANG Beschießung von Molfetta, bei der Vereinigung mit der Rückhaltegruppe ASPERN und 2 Tbooten Gefecht mit italien. Zerstörern NINO BIXIO, NIEVO, PILO, ABBA, MOSTO, ARDENTE, INDOMITO; 15.2.1918 im Schneesturm bei Geleitfahrt Kollision mit D. HERZEGOWINA, Heck beschädigt; bei Kriegsende in Pola; Ende Januar 1920 von den alliierten Marinedelegationen in Paris Italien zum Abbruch zugesprochen.

Die Bedeutung der weniger bekannten Schiffsnamen:
Huszár ist die ungarische Schreibweise von "Husar", ursprünglich ungarischer Kavallerist.
Ulan ist ein polnischer Kavallerist, der Begriff leitet sich von dem türkischen Wort "oghlan", d.i. "junger Mann" ab.
Uskoke ist der Name eines Stammes kroatischer Piraten, die von der Stadt Zengg/Senj aus operierten. Die Uskoken waren ursprünglich serbisch orthodoxe Flüchtlinge nach den Türkenkriegen von 1592-1606. Ihren Piratentätigkeit führte zu eskalierenden Spannungen mit Venedig, die im Uskokenkrieg von 1614 kulminierten und durch den Frieden von Madrid beigelegt wurden. Unter österreichischer Herrschaft wurden die stolzen und wehrhaften Uskoken in der Flußlandschaft der Lika/Licko polje angesiedelt.
Turul ist der Name des mythischen Vogels, der dem ersten ungarischen König Árpád voranflog und ihm und dem Stamm der Magyaren den Weg aus Innerasien zu ihrem neuen Siedlungsgebiet im Donaubecken wies.
Pandur ist der Angehörige des ungarischen Pandurenkorps, welches im 17. Jhd. in Südungarn aufgestellt worden war.
Csikós ist der ungarische Name für die Pferdehirten in der Puszta.
Reka ist der Name eines Flusses, der in der Ebene östlich von Görz/Gorizia/Nova Gorica fließt.
Dinara ist der Gebirgszug entlang der dalmatinischen Küste.
Velebit ist ein kleinerer Zug im dinarischen Gebirge.
Warasdiner ist der Angehörige des Grenzerbatallions der Stadt Warasdin an der Drau, heute kroatisch Varazdin.

Hauptdaten:
386 ts Konstruktions-/404,8 ts Maximalverdrängung; Abmessungen: 67,13x6,25x1,8m; Antrieb: 4 Yarrow WR.-Kessel, 2 4-Zyl.-Maschinen; 6.747 PSi/30,6 kn; Bewaffnung: 2x7 cm L/45, 4x7 cm L/30, 4 ow Deck TR 45 cm; Besatzung: 70 Mann.

Ab 1911 wurden die Schornsteine dieser Zerstörer erhöht. Hier PANDUR, bereits mit mattgrauem Anstrich, wie er ab Oktober 1915 geführt wurde. Man beachte, daß der Zerstörer nur mit der hinteren Kesselgruppe heizt.

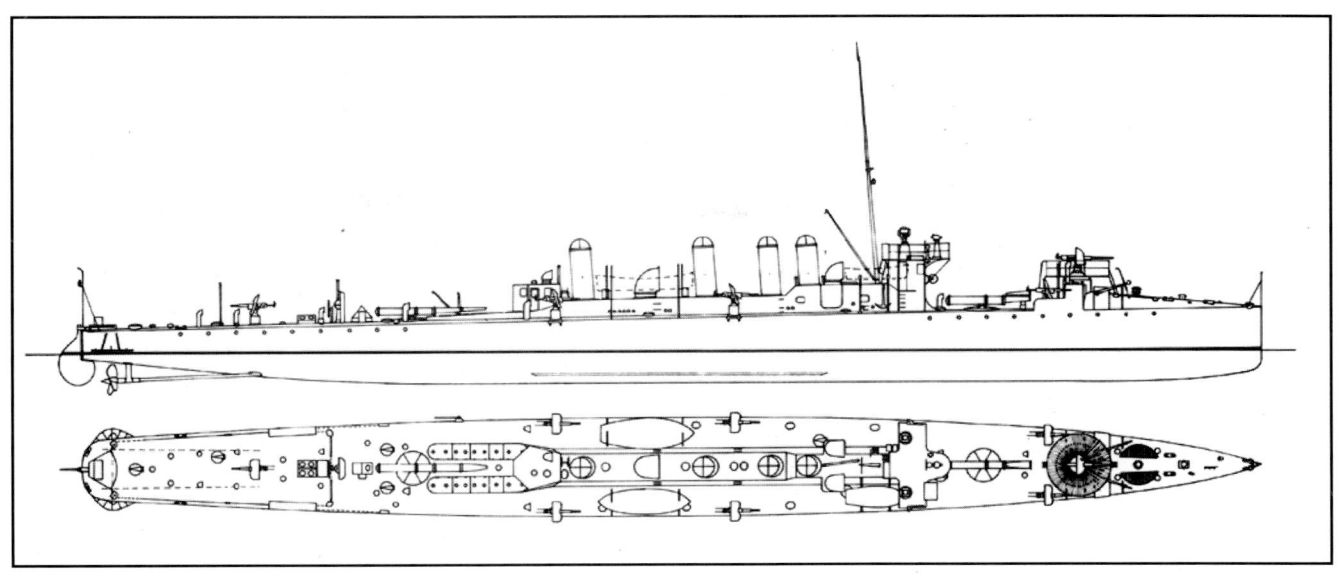

HUSZÁR, Aussehen 1905 bis 1908, Seiten- und obere Ansicht.

HUSZÁR-Klasse mit verlängerten Schornsteinen und Flak achter (oben) und Aussehen 1918 (unten).

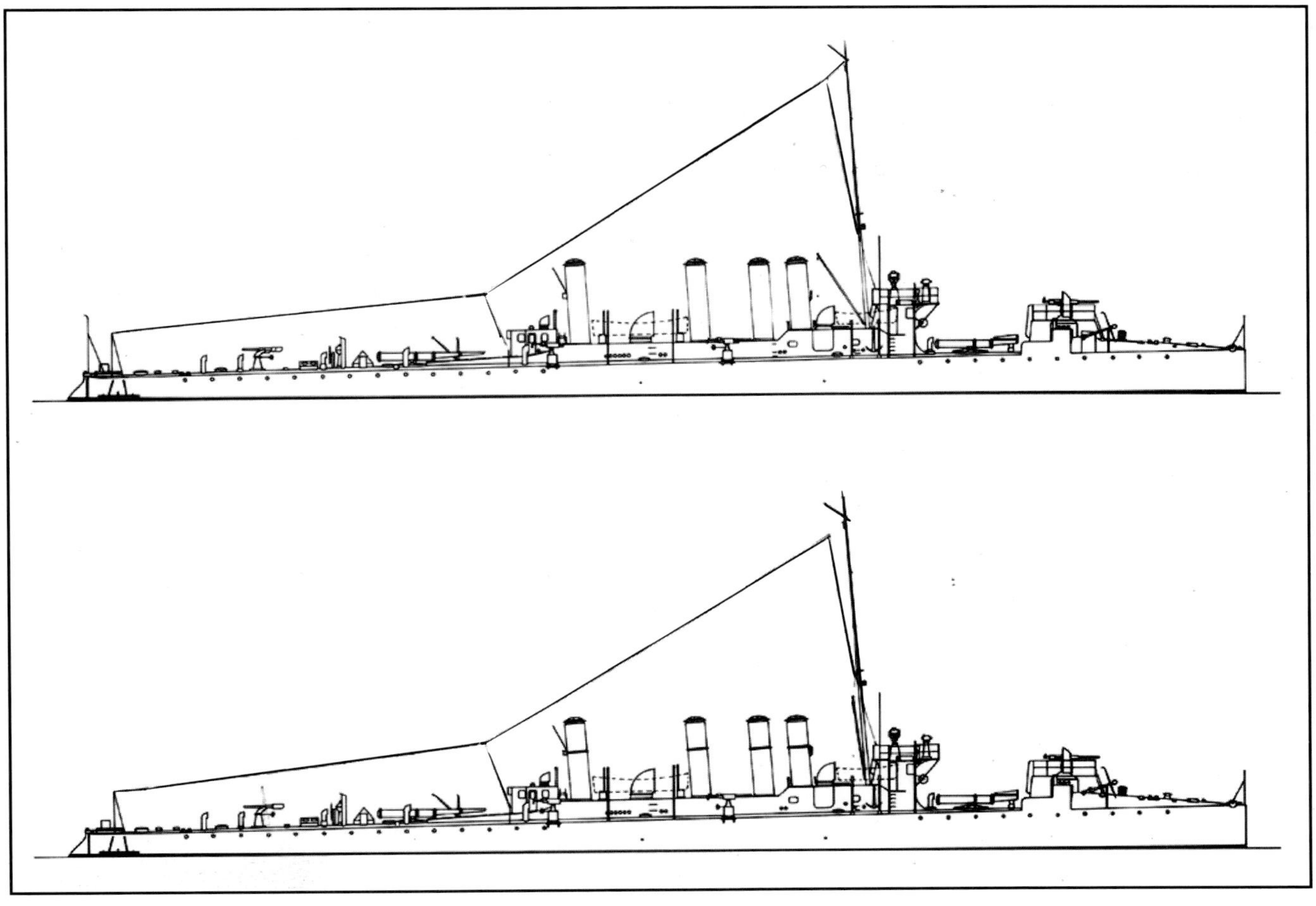

Walrückenback, vorderes 7 cm Geschütz und Brücke des Zerstörers SCHARFSCHÜTZE.

Am Nachmittag des 10. 2. 1917 wurde auf dem Marinefriedhof von Pola der k.u.k. Flottenkommandant, Großadmiral Anton Haus, unter großer Beteiligung zu Grabe getragen. Auch Kaiser Karl I. von Österreich/König Karl IV. von Ungarn nahm daran teil. Das Bild zeigt den Kaiser in der Admiralsbarkasse der VIRIBUS UNITIS stehend. Dahinter der Zerstörer HUSZÁR (II) mit der Flagge auf Halbmast.

Der "Held von Porto Corsini", Korvettenkapitän Bogumil Nowotny, auf der Brücke des Zerstörers SCHARFSCHÜTZE. Nowotny ging nach dem Zerfall der Monarchie in seine ethnische Heimat Polen und wurde der Begründer der neuen polnischen Kriegsmarine. Er war aber den Härten des politischen Tagesgeschehens im krisengeschüttelten Nachkriegspolen nicht gewachsen und nahm bereits 1919 frustriert seinen Abschied.

Torpedofahrzeug WILDFANG, hier noch mit kurzen Schornsteinen.

Der Zerstörer HUSZÁR (II) war der Ersatzbau für den im Dezember 1908 verlorenen Vorgänger. Anfangs hatten die Zerstörer der HUSZÁR-Klasse kurze Schornsteine, deren Aschenflug aber das Brückenpersonal beeinträchtigte.

SCHARFSCHÜTZE stand am 2. 10. 1918 anläßlich der Räumung von Durazzo im Gefecht mit einem englisch-italienischen Kreuzer- und Zerstörerverband. Das Bild zeigt das Wegstauen der 7-cm-Granatpatronen nach dem Gefecht.

SCHARFSCHÜTZE drang, unter dem Kommando von Bogumil Nowotny, während des Angriffs der k.u.k. Flotte auf die italien. Ostküste übers Heck fahrend in den Kanal von Porto Corsini ein und lieferte sich ein heftiges Duell mit Küstenbatterien. Während eines Besuchs in Pola am 12. 6. 1915 inspizierte der Thronfolger Erzherzog Karl Franz Josef auch die SCHARFSCHÜTZE. Das Foto zeigt ihn beim Verlassen des Zerstörers.

Bei allen größeren Einsätzen der k.u.k. Seeflugzeuge liefen Zerstörer und T-Boote als Deckungsgruppen aus, um in Schwierigkeiten geratene Flieger einzubringen. Am 4. 2. 1918 griffen sieben K-Flugboote Venedig an. K 377 und K 375 mußten nach Notlandung eingeschleppt werden: links das T-Boot 99 M, daneben das Lohner-Flugboot K 375, dahinter der Zerstörer STREITER. Zwei Monate später ging STREITER nach einer Kollision mit dem Dampfer PETKA verloren. Das in 50 m Tiefe liegende Wrack wird bereits von Tauchern aufgesucht.

Das typische Yarrow-Heck des Zerstörers ULAN. Die Fahrzeuge der HUSZÁR-Klasse führten rote Schornsteinringe, die drei Einheiten USKOKE, STREITER und ULAN bildeten die 8. Fahrzeuggruppe der 4. Torpedodivision mit zwei roten Ringen am achteren Schornstein.

Links und oben:
Wegen der zunehmenden Luftangriffe wurden auf allen Schiffen der k.u.k. Kriegsmarine während des Krieges 7 cm Torpedoboots-Abwehrgeschütze durch Fla-Geschütze ersetzt. Hier eine 7 cm L/45 Flak auf DINARA, äußerlich vor allem durch die gebogene Pivot-Gabel erkennbar. Der Bordhund und das Bordschwein bekommen Leckerbissen. Die Besatzungen trachteten, ihre kargen Fleischrationen durch Bordhaltung von Borstenvieh aufzubessern.

Die Zerstörer der HUSZÁR-Klasse führten auf dem vorderen Stand ein 7 cm L/45 Geschütz mit einem Schutzschild aus 12-mm-Stahl. Das tatsächliche Kaliber war 66 mm. Die V_o betrug 725 m/sec, die Reichweite bei 10° Elevation 6.000 m; das Gesamtgewicht betrug 1.860 kg, die Dotierung pro Rohr 200 Granatpatronen, von denen jede 8,2 kg wog.

Kohleneinschiffung auf VELEBIT. Man beachte das geschwenkte 45 cm Einzel TR vor der Brücke.

Der Zerstörer WARASDINER war 1911 als LUNG TUAN von China beim STT bestellt, aber dann wegen des innenpolitischen Umsturzes nicht bezahlt worden. Im August 1914 wurde der Neubau sofort von der k.u.k. Kriegsmarine angekauft und mit österr. Bewaffnung ausgerüstet. Das Bild zeigt den Zerstörer mit schwarzem Anstrich. Bei gleichen Abmessungen erreichte er um 700 PSi mehr Maschinenleistung und 1,5 kn mehr Geschwindigkeit als seine Schwesterschiffe.

DIE TORPEDOFAHRZEUGE DER TÁTRA-KLASSE

Gegen Ende des 19. Jahrhunderts war die Kolbendampfmaschine mit Mehrfachexpansion am Ende ihrer technischen Entwicklung angelangt. Die Techniker suchten Alternativen und kamen bald auf die Turbine. Ihre Entwicklung hatte 1883 durch den Schweden Laval begonnen und war durch den Engländer Charles A. Parsons über fast 20 Jahre bis zur Marktreife weitergeführt worden. Ende 1899 erreichte der englische Turbinenzerstörer HMS COBRA Geschwindigkeiten von 35 und 36 kn. Dieser Entwicklung folgend, beschloß man auch in der k.u.k. Kriegsmarine auf größere Fahrzeuge mit Turbinenantrieb überzugehen. Der neue k.u.k. Marinekommandant, Vizeadmiral Graf Montecuccoli, forderte in seinem Flottenprogramm von 1910 einen Spezialkredit zum Ausbau der operativen Flotte. Das Neubauprogramm sollte 4 große Schlachtschiffe, drei Aufklärungskreuzer, sechs Torpedofahrzeuge, 12 Hochsee-Torpedoboote und sechs U-Boote umfassen. Bis zur Bewilligung mußten allerdings erst noch massive innenpolitische Widerstände der Ungarn aus dem Weg geräumt werden und erst Anfang März 1911 wurde dieser Spezialkredit von 312 Mio. Kronen bewilligt. Neben den Schlachtschiffen der TEGETTHOFF-Klasse (vgl. Marine-Arsenal Nr. 14) und den Rapidkreuzern des verbesserten Typs ADMIRAL SPAUN (vgl. Marine-Arsenal Nr. 27, S. 24) waren damit auch sechs neue Turbinenzerstörer bewilligt. Die Werft Ganz & Co - Danubius hatte bereits im November 1909 das erst Mal bei der Marineverwaltung um Auftragsvergabe angesucht, um den Fortbestand des Unternehmens zu sichern. Auf Grund weiterer massiver Interventionen des ungarischen Handelsministeriums mit Hinweis auf die Erfüllung der Quotenpflicht wurde Danubius schließlich mit dem Bau dieser sechs Einheiten betraut.

Dem war eine lange Entscheidungsfindung vorausgegangen. Begonnen hatte es im März 1909 mit der Ausschreibung an die beiden inländischen Werften STT und Danubius, die drei deutschen Anbieter Germania Werft, Kiel, AG Vulcan, Stettin und F. Schichau, Elbing, die beiden britischen Anbieter Yarrow & Co, Glasgow, Thornycroft, Southampton und den Triestiner Vertreter der Werft Lewis Nixon, New York. Gefordert wurde ein 600-t-Fahrzeug. Die eingelangten Entwürfe wurden wie folgt gereiht: 1. Vulcan, 2. Schichau, bedingt 3. STT; es kam jedoch zu keiner Auftragsvergabe, sondern man teilte den deutschen Werften mit, daß man beschlossen habe, auf einen größeren Typ mit 800 t Verdrängung überzugehen. Hierzu gingen im Juni 1909 Projekte von Vulcan, STT, CNT und - nachgereicht - von Danubius ein. Nachdem die anderen Anbieter durch die oben angeführte Intervention der Ungarn aus dem Rennen geworfen worden waren, zogen sich die Verhandlungen mit Danubius trotzdem über zwei Jahre hin. Die Marineverwaltung beklagte unzureichende Einreichunterlagen, die eine exakte technische Beurteilung und Nachrechnung unmöglich machten. Erst am 13.6.1911 wurde der offizielle Schlußbrief ausgestellt. Mehr als drei Monate danach übermittelte Danubius die Konstruktionspläne und Berechnungsunterlagen, die Nachrechnung ergab für das voll ausgerüstete Schiff eine Verdrängung von 977 t! Daher wurde eine Erhöhung der Turbinenleistung auf mindestens 19.000 WPS gefordert.

Die mangelnde Erfahrung im Turbinenbau bei Danubius hatte Bauverzögerungen zur Folge, weil die k.u.k. Kriegsmarine auf dem Gewährleistungsweg die einwandfreie Funktion erzwang. Die Behebung dieser Kinderkrankheiten hatte zur Folge, daß die sechs Zerstörer erst Ende Dezember 1914 Kriegseinsatzbereit waren. Zur allgemeinen Zufriedenheit erreichte BALATON ein Probefahrtsergebnis von 20.560 WPS/32,59 kn und CSEPEL eines von 23.430 WPS/32,9 kn.

Damit waren die sechs Zerstörer der TÁRTRA-Klasse die modernsten Einheiten, mit denen die k.u.k. Kriegsmarine in den Ersten Weltkrieg ging. Die folgenden Lebensläufe zeigen, daß die Fahrzeuge permanent im Einsatz waren, was natürlich erheblichen Verschleiß zur Folge hatte.

TÁTRA: Während des Krieges zahlreiche Vorstöße an die italienische Ostküste, in die Otrantostraße, Konvoi- und U-Suchfahrten; 24.5.1915 im Rahmen der Aktion gegen die italien. Ostküste gemeinsam mit 3 Schwesterschiffen und Kreuzer HELGOLAND Küstenbeschießung, Gefechtsberührung mit italien. Zerstörern AQUILONE und TURBINE, erster entkommt, TURBINE sinkt nach Zeigen der weißen Flagge, 20 Überlebende an Bord genommen; 13.7. Beschießung der Insel Pelagosa; 22./23.7.1915 mit allen Schwesterschiffen Beschießung der Küsteneisenbahn bei Termoli; 27./28.7., 16./17.8. und 8./9.9. Beschießung und Landungsunternehmen auf Pelagosa; 22./23.11. und 5./6.12.1915 Vorstöße in die Otrantostraße; 29.12.1915 mit Kreuzer HELGOLAND und 4 Schwesterschiffen Aktion gegen Durazzo/Durres, Gefechtsberührung mit brit. Kreuzer DARTMOUTH und italien. Kreuzer QUARTO; 3./4.7.1916, 11./12.3.1917, 25.4.1917 und 6.5.1917 Vorstöße in die Otrantostraße, 15.5.1917 mit Panzerkreuzer ST. GEORG, Zerstörer WARASDINER und 4 Tbooten zur Unterstützung der im Gefecht befindlichen HELGOLAND-Gruppe ausgelaufen; 20./21.9.1917 mit BALATON, ORJEN und CSEPEL Vorstoß gegen Durazzo: 13./14.12.1917 mit BALATON, und CSEPEL Vorstoß in die Otrantostraße; 1./2.2.1918 Teilnahme an der Matrosenmeuterei in der Bocche di Cattaro; 9.6.1918 für geplanten Angriff auf die Otrantosperre gemeinsam mit 3 Schwesterschiffen, Rapidkreuzern HELGOLAND und NOVARA Angriffsgruppe A, Wartestellung Bocche di Cattaro. (Abbruch der Aktion wegen Untergangs von SZENT ISTVÁN). Bei Kriegsende in Pola; 23.3.1919 von den Italienern von Pola nach Venedig überführt, Teilnahme an der großen Sieges-Flottenparade am 25.3.1919; Ende Januar 1920 von den alliierten Marinedelegationen in Paris Italien zugesprochen, 27.9.1920 umbenannt in FASANA, wegen des schlechten Zustands nicht in Dienst gestellt; 16.10.1920 nach Pola geschleppt und als Ersatzteillager für die anderen Zerstörer dieser Klasse ausgeschlachtet; 5.7.1923 gestrichen.

BALATON: Während des Krieges zahlreiche Vorstöße an die italienische Ostküste, in die Otrantostraße, Konvoi- und U-Suchfahrten; 13.8.1914 Bergung von Überlebenden und Leichen des vor Brioni auf der Höhe von Fasana auf eigene Mine gelaufenen Lloyddampfers BARON GAUTSCH; 22./23.7.1915 mit allen Schwesterschiffen Beschießung der Küsteneisenbahn bei Termoli; 27./28.7., 16./17.8. und 8./9.9. Beschießung und Landungsunternehmen auf Pelagosa; 22./23.11. und 5./6.12.1915 Vorstöße in die Otrantostraße; 29.12.1915 mit Kreuzer HELGOLAND und 4 Schwesterschiffen Aktion gegen Durazzo/Durres, franz. U-Boot MONGE mit Artillerie schwer beschädigt; 20 Überlebende an Bord genommen[3]; 31.5./1.6.1916 gemeinsam mit ORJEN und 3 Tbooten Vorstoß gegen italien. Transporte vor Valona; 3./4.7.1916, 28./29.4. und 6.5.1917 Vorstöße in die Otrantostraße; 14./15.5.1917 als Ablenkungsangriff gemeinsam mit CSEPEL unter Land gegen die Otrantostraße, während die 3 Rapidkreuzer die Netzdrifter angreifen, dabei italien. Konvoi bestehend aus D. CARROCIO[4], VERITÁ und BERSAGLIERE gesichert von Zerstörer BOREA gestellt; BOREA mit Artillerie, D. CARROCCIO mit Torpedo versenkt; beim Rückmarsch Gefechtsberührung mit italien. Kreuzer QUARTO; 20./21.9.1917 mit TÁTRA, ORJEN und CSEPEL Vorstoß gegen Durazzo; 18./19.10.1917 mit Rapidkreuzer HELGOLAND und 5 Schwesterschiffen Vorstoß in die Otrantostraße; 13./14.12.1917 mit TÁTRA und CSEPEL Vorstoß in die Otrantostraße; 1./2.2.1918 Teilnahme an der Matrosenmeuterei in der Bocche di Cattaro; 2.7.1918 gemeinsam mit CSIKÓS und 2 Tbooten Fliegerdeckung sü. Piavemündung, Gefecht mit italien. Zerstörern ORSINI, STOCCO, SIRTORI, CERBI, AUDACE, LA MASA, MISSORI; geringe Beschädigungen; bei Kriegsende in Pola in Reparatur; Ende Januar 1920 von den alliierten Marinedelegationen in Paris Italien zugesprochen, 27.9.1920 umbenannt in ZENSON, wegen des schlechten Zustands nicht in Dienst gestellt; (16.10.1920?) nach Pola geschleppt und als Ersatzteillager für die anderen Zerstörer dieser Klasse ausgeschlachtet; 5.7.1923 gestrichen.

CSEPEL: Während des Krieges zahlreiche Vorstöße an die italienische Ostküste, in die Otrantostraße, Konvoi- und U-Suchfahrten; 13.8.1914 Bergung von Überlebenden und Leichen des vor Brioni auf der Höhe von Fasana auf eigene Mine gelaufenen Lloyddampfers BARON GAUTSCH; 24.5.1915 im Rahmen der Aktion gegen italien. Ostküste gemeinsam mit 3 Schwesterschiffen und Kreuzer HELGOLAND Küstenbeschießung, Gefechtsberührung mit italien. Zerstörern AQUILONE und TURBINE, erster entkommt, TURBINE sinkt nach Zeigen der weißen Flagge 16 Überlebende an Bord genommen; 22./23.7.1915 mit allen Schwesterschiffen Beschießung der Küsteneisenbahn bei Termoli; 27./28.7., 16./17.8. und 8./9.9.1915 Beschießung und Landungsunternehmen auf Pelagosa; 29.12.1915 mit Kreuzer HELGOLAND und 4 Schwesterschiffen Aktion gegen Durazzo/Durres, 20 Überlebende des französ. U-Boot MONGE an Bord genommen, Beschießung der im Hafen von Durazzo liegenden Schiffe, Schwesterschiff TRIGLAV nach Minentreffer in Schlepp genommen, nach Unklarwerden der Stb.-Schraube wieder losgeworfen, beim Rückmarsch Gefechtsberührung mit italien. Kreuzer QUARTO; 27.1.1916 Kollision mit ORJEN, Reparatur; 4.5.1916 von französ. U-Boot BERNOULLI torpediert, Heck abgerissen; CSEPEL bleibt schwimmfähig, wird eingeschleppt und in Porto Rè repariert, erhält neues Heck nach den Plänen von Ersatz-TRIGLAV; 14./15.5.1917 als Ablenkungsangriff gemeinsam mit BALATON unter Land gegen die Otrantostraße, während die 3 Rapidkreuzer die Netzdrifter angreifen, dabei italien. Konvoi bestehend aus D. CARROCIO, VERITÁ und BERSAGLIERE gesichert von Zerstörer BOREA gestellt; siehe BALATON; beim Rückmarsch Gefechtsberührung mit italien. Kreuzer QUARTO, auf diesem Kesselraumtreffer erzielt, AQUILA bleibt liegen; 20./21.9.1917 mit BALATON, ORJEN und TÁTRA Vorstoß gegen Durazzo; 18./19.10.1917 mit Rapidkreuzer HELGOLAND und 5 Schwesterschiffen Vorstoß in die Otrantostraße; 13./14.12.1917 mit TÁTRA und BALATON Vorstoß in die Otrantostraße; 1./2.2.1918 Teilnahme an der Matrosenmeuterei in der Bocche di Cattaro; 22./23.4.1918 gemeinsam mit den 4 Zerstörern Typ Ersatz-TRIGLAV Vorstoß in die Otrantostraße, Gefechtsberührung mit engl. Zerstörern JACKAL und HORNET, HORNET erhält Treffer in die Munitionskammer und bleibt beschädigt liegen; 9.6.1918 für geplanten Angriff auf die Otrantosperre gemeinsam mit 3 Schwesterschiffen, Rapidkreuzern HELGOLAND und NOVARA Angriffsgruppe A, Wartestellung Bocche di Cattaro. (Abbruch der Aktion wegen Untergangs von SZENT ISTVÁN). Bei Kriegsende in Pola; Ende Januar 1920 von den alliierten Marinedelegationen in Paris Italien zugesprochen, 27.9.1920 umbenannt in MUGGIA; ab 10.3.1927 Stationsschiff in Shanghai; Patrouillentätigkeit vor der gesamten chinesischen Küste; 25.3.1929 im Nebel bei Amoy auf dem Samarang Rocks gestrandet, Totalverlust, Besatzung vollständig von japanischem D. gerettet.

LIKA: 24.5.1915 im Rahmen der Aktion gegen die italien. Ostküste gemeinsam mit 3 Schwesterschiffen und Kreuzer HELGOLAND Küstenbeschießung, Gefechtsberührung mit italien. Zerstörern AQUILONE und TURBINE, ersterer entkommt, TURBINE sinkt nach Zeigen der weißen Flagge; 22./23.7.1915 mit allen Schwesterschiffen Beschießung der Küsteneisenbahn bei Termoli; 27./28.7., 16./17.8. und 8./9.9.1915 Beschießung und Landungsunternehmen auf Pelagosa (2 Mann gefallen); 22./23.11.1915 mit Rapidkreuzern HELGOLAND, SAIDA und 3 Schwesterschiffen Vorstoß in die Otrantostraße, keine Feindberührung mit den zur Abwehr anmarschierenden italien. Zerstörern ARDENTE, IMPETUOSO, INDOMITO und AIRONE; 29.12.1915 mit Kreuzer HELGOLAND und 4 Schwesterschiffen Aktion gegen Durazzo/Durres, Beschießung der im Hafen von Durazzo liegenden Schiffe, zwei Minentreffer erhalten, gesunken.

TRIGLAV: 24.5.1915 im Rahmen der Aktion gegen die italien. Ostküste Sicherung vor Ancona; 22./23.7. 1915 mit allen Schwesterschiffen Beschießung der Küsteneisenbahn bei Termoli; 27./28.7., 16./17.8. und 8./9.9.1915 Beschießung und Landungsunternehmen auf Pelagosa; 22./23.11.1915 mit Rapidkreuzern HELGOLAND; SAIDA und 3 Schwesterschiffen Vorstoß in die Otrantostraße, keine Feindberührung mit den zur Abwehr anmarschierenden italien. Zerstörern ARDENTE, IMPETUOSO, INDOMITO und AIRONE, TRIGLAV versenkt vor Brindisi den italien. Segler GALLINARA[5]; 29.12.1915 mit Kreuzer HELGOLAND und 4 Schwesterschiffen Aktion gegen Durazzo/Durres, Beschießung der im Hafen von Durazzo liegenden Schiffe, Minentreffer, erst von CSEPEL, dann von BALATON und TÁTRA in Schlepp genommen, bei Annäherung feindl. Einheiten durch Sprengladung selbst versenkt.

ORJEN: Während des Krieges zahlreiche Vorstöße an die italienische Ostküste, in die Otrantostraße, Konvoi- und U-Suchfahrten; 24.5.1915 im Rahmen der Aktion gegen die italien. Ostküste Sicherung vor Pelagosa-Gargano; 22./23.7.1915 mit allen Schwesterschiffen Beschießung der Küsteneisenbahn bei Termoli; 27./28., 16./17.8. und 8./9.9.1915 Beschießung und Landungsunternehmen auf Pelagosa; 22./23.11.1915 mit Rapidkreuzern HELGOLAND, SAIDA und 3 Schwesterschiffen Vorstoß in die Otrantostraße, keine Feindberührung mit den zur Abwehr anmarschierenden italien. Zerstörern ARDENTE, IMPETUOSO, INDOMITO und AIRONE, ORJEN nimmt 7 Überlebende des versenkten italien. D. PALATINO an Bord; 27.1.1916 Kollision mit CSEPEL, Reparatur; 31.5./1.6.1916 gemeinsam mit BALATON und 3 Tbooten Vorstoß gegen italien. Transporte vor Valona; ORJEN versenkt 1 Fischdampfer mit Torpedo; 3./4.7.1916 Vorstoß in die Otrantostraße; 20./21.9.1917 mit TÁTRA, ORJEN und CSEPEL Vorstoß gegen Durazzo; 18.19.10.1917 mit Rapidkreuzer HELGOLAND und 5 Schwesterschiffen Vorstoß in die Otrantostraße; 1./2.2.1918 Teilnahme an der Matrosenmeuterei in der Bocche di Cattaro; 9.6.1918 für geplanten Angriff auf die Otrantosperre gemeinsam mit BALATON, 4 Tbooten und Schlachtschiff VIRIBUS UNITIS Rückhaltegruppe A, Wartestellung Bocche di Cattaro. (Abbruch der Aktion wegen Untergangs von SZENT ISTVÁN). Bei Kriegsende in Pola; Ende Januar 1920 vor den alliierten Marinedelegationen in Paris Italien zugesprochen, 26.9.1920 umbenannt in POLA, Umbau im Seearsenal Pola unter Verwendung von Ersatzteilen der Schwesterschiffe, ab März 1922 bei der Eskadre in Venedig, Kreuzfahrten mit Maschinenschülern nach Libyen, Konstantinopel und in die Levante; 1924 in Tarent a.D., ab 1928 Kolonialdienst in Libyen; 1929 Eskadre in Venedig, 1930 Kolonialdienst in Tripolis; 9.4.1931 umbenannt in ZENSON (II), 1931, 1932 Kreuzfahrten in der Ägäis, danach Venedig; 1.5.1937 gestrichen.

Hauptdaten:
850 ts Konstruktions-/1.050 ts Maximalverdrängung; Abmessungen: 83,5x7,8x2,42/3,20m; Antrieb: 6 WR.-Kessel, 2 AEG-Curtis-Turbinen; 20.500 WPS/32,6 kn; Bewaffnung: 2x10 cm L/50 K 11, 6x7cm L/45 davon 2 Flak, 2 ow Deck TR 45 cm; Besatzung: 105 Mann.

Die Bedeutung der weniger bekannten Schiffsnamen:
Die Tátra ist ein Gebirgszug entlang der tschechisch-polnischen Grenze.

Balaton ist der Name des großen Steppensees in der ungarischen Tiefebene.

Csepel ist der Name der großen Donauinsel oberhalb von Budapest.

Lika ist der Name einer fruchtbaren Flußebene parallel zur dalmatinischen Küste, die Hauptstadt ist Gospic.

Triglav ist der höchste Gipfel (2.863 m) der Julischen Alpen, an seinem Fuß liegt das Isonzobecken. Seit Vorzeiten ist der Triglav der heilige Berg der Slowenen, das Wort bedeutet "dreiköpfig". Orjen ist der höchste Gipfel (1.900 m) des Orjen Gebirges nordwestlich der Boka Kotorska.

Dukla ist der Name eines wichtigen Passes in den Beskiden, im Ersten Weltkrieg Schauplatz heftiger Kämpfe zwischen Österreichern und Russen.

Uzsok ist der Name eines wichtigen Passes in den Karpathen, im Ersten Weltkrieg Schauplatz blutiger Kämpfe zwischen Österreichern und Russen.

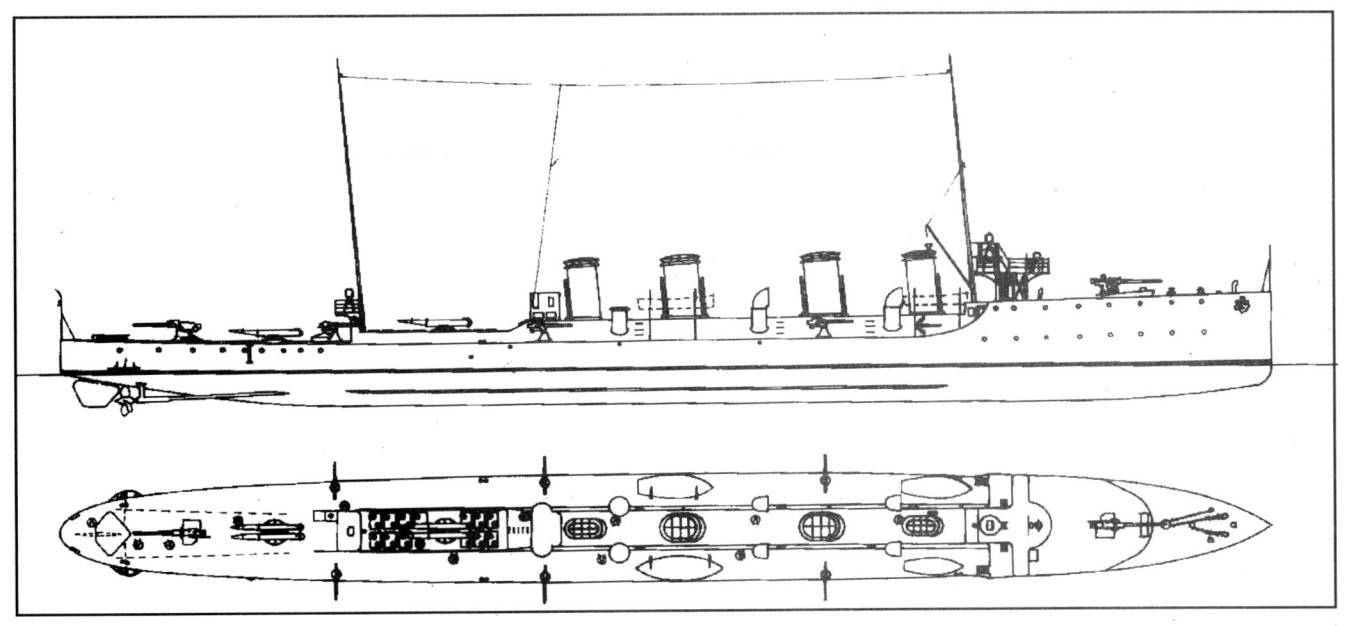

TÁTRA-Klasse, Seiten- und obere Ansicht.

CSEPEL wurde am 4. 5. 1916 durch das französ. U-Boot BERNOUILLI torpediert, wobei das Heck abgerissen wurde.

TRIGLAV am 18. Mai 1918.

Drei Einheiten der Klasse Ersatz-TRIGLAV am 16. 12. 1917 am Molo San Carlo in Triest. Am 3. 11. 1918 landete dort der italien. Zerstörer AUDACE eine Kompanie Bersaglieri, die Triest kampflos besetzte. Seitdem heißt diese Mole Molo Audace. Eine große Bronzetafel im Boden kündet noch heute davon.

Die beiden Neubauten TÁTRA und BALATON im Frühjahr 1913 im Ausrüstungsbecken der Werft Ganz & Co - Danubius in Porto Rè.

ORJEN am 7. 12. 1916 im Handelshafen von Pola. Der Zerstörer ist mattgrau gestrichen und führt keinen Schornsteinring. Rechts hinten die Insel San Andrea, gleich links daneben ein Schlachtschiff der RADETZKY-Klasse.

Wie durch ein Wunder explodierten die beiden scharfen Torpedos im achteren Rohrsatz nicht. Der nach vorne hochgeklappte Rohrsatz mit den beiden Torpedos ist deutlich zu sehen.

TÁTRA war das Typschiff der neuesten Klasse von österr.-ungar. Turbinenzerstörern, die ab Ende 1913 zur Flotte kamen. Damit erfolgte der Übergang zum 10-cm-Geschütz L/50 K 11 ohne Schutzschild. Die V_o betrug 880 m/sec, die Reichweite bei 14° Elevation 11.000 m; das Gesamtgewicht betrug 2.020 kg, die Granatpatrone wog 13,75 kg.

DIE TORPEDOFAHRZEUGE DER KLASSE ERSATZ-TRIGLAV

In den am 28.5.1914 bewilligten Budgetmitteln für den Ausbau der Flotte bis 1919 waren u.a. auch 6 Zerstörer vorgesehen (vgl. Marine-Arsenal Nr. 27, Seite 35). Aber Schlachtschiffe und Rapidkreuzer hatten Priorität, so daß die Baulegung dieser Einheiten auf einen späteren Zeitpunkt verschoben wurde. Der Verlust der Zerstörer LIKA und TRIGLAV wog so schwer, daß das Flottenkommando bereits am 1.1.1916 den Antrag auf Ersatzbauten stellte. Um Verzögerungen zu vermeiden, sollte der Typ TÁTRA lediglich um zwei bis drei Spantabstände verlängert werden. Auch wünschte man eine Kalibersteigerung bei der Bewaffnung: 2 x 12 cm und 6 x 9 cm anstatt der 7 cm. Diese wurde aber dann wegen der Gewichtszunahme und der damit einhergehenden verringerten Geschwindigkeit bzw. dem geringeren Aktionsradius fallengelassen. Bereits am 19.1.1916 wurden 4 Zerstörer bei Danubius bestellt. Der erste Zerstörer, TRIGLAV (II), wurde am 16.6.1917 von der k.u.k. Kriegsmarine übernommen, der letzte, UZSOK, am 22.12.1917. Dementsprechend kurz sind natürlich die Lebensläufe.

TRIGLAV (II): 18./19.10.1917 mit Rapidkreuzer HELGOLAND und 5 Schwesterschiffen Vorstoß in die Otrantostraße, 28./29.11.1917 gemeinsam mit REKA, DINARA und 4 Tbooten Beschießung der italien. Ostküste bei Metauro, zum Rückmarsch Vereinigung mit DUKLA-Gruppe, Sichtkontakt aber keine Gefechtsberührung mit 10 anmarschierenden italien. Zerstörern; 12.12.1917 gemeinsam mit 5 Zerstörern, 9 Tbooten und 12 M-Booten Sicherung der Beschießung der Cortellazzo-Batterien durch Schlachtschiffe BUDAPEST und ÁRPÁD und Rapidkreuzer ADMIRAL SPAUN, Aktion wegen Schlechtwetters bald abgebrochen; 22./23.4.1918 mit den 3 Schwesterschiffen und CSEPEL Vorstoß in die Otrantostraße, Gefechtsberührung mit engl. Zerstörern JACKAL und HORNET, HORNET erhält Treffer in die Munitionskammer und bleibt beschädigt liegen; 17./18.5.1918 gemeinsam mit den 3 Schwesterschiffen Vorstoß in die Otrantostraße; 9.6.1918 für geplanten Angriff auf die Otrantosperre gemeinsam mit 3 Schwesterschiffen, HELGOLAND und NOVARA Angriffsgruppe A, Wartestellung Bocche di Cattaro. (Abbruch der Aktion wegen Untergans von SZENT ISTVÁN). Bei Kriegsende in der Bocche di Cattaro; Ende Januar 1920 von den alliierten Marinedelegationen in Paris Italien zugesprochen, im Frühjahr 1920 über Bizerta nach Messina geschleppt; 26.9.1920 umbenannt in GRADO, Umbau im Seearsenal Pola und in Triest; ab Oktober 1924 bei der Eskadre in Venedig; Flottendienst; 30.9.1927 gestrichen.

LIKA (II): 18./19.10.1917 mit Rapidkreuzer HELGOLAND und 5 Schwesterschiffen Vorstoß in die Otrantostraße; 12.12.1917 gemeinsam mit 5 Zerstörern, 9 Tbooten und 12M-Booten Sicherung der Beschießung der Cortellazzo-Batterien durch Schlachtschiffe BUDAPEST und ÁRPÁD und Rapidkreuzer ADMIRAL SPAUN, Aktion wegen Schlechtwetters bald abgebrochen; 22./23.4.1918 mit den 3 Schwesterschiffen und CSEPEL Vorstoß in die Otrantostraße, Gefechtsberührung mit engl. Zerstörern JACKAL und HORNET, HORNET erhält Treffer in die Munitionskammer und bleibt beschädigt liegen; 17./18.5.1918 gemeinsam mit den 3 Schwesterschiffen Vorstoß in die Otrantostraße; 9.6.1918 für geplanten Angriff auf die Otrantosperre gemeinsam mit 3 Schwesterschiffen, HELGOLAND und NOVARA Angriffsgruppe A, Wartestellung Bocche di Cattaro . (Abbruch der Aktion wegen Untergangs von SZENT ISTVÁN); 11.8.1918 Ruder verloren, eingeschleppt in die Bocche; bei Kriegsende in der Bocche di Cattaro; Ende Januar 1920 von den alliierten Marinedelegationen in Paris Italien zugesprochen, im Frühjahr 1920 über Bizerta nach Messina geschleppt; 26.9.1920 umbenannt im CORTELLAZZO, Umbau im Seearsenal Pola und in Triest; ab Dezember 1927 bei der Eskadre in Venedig als Schulschiff für Maschinenschüler; 1928, 1931 und 1932 Stationsschiff in Libyen; ab November 1933 wieder Schulschiff für Maschinenschüler in Venedig; 1933 und 1937 Auslandsfahrten; 5.1.1937 gestrichen.

DUKLA: 18./19.10.1917 mit Rapidkreuzer HELGOLAND und 5 Schwesterschiffen Vorstoß in die Otrantostraße; 28./29.11.1917 gemeinsam mit HUSZÁR, STREITER und 4 Tbooten Beschießung der italien. Ostküste bei Metauro, zum Rückmarsch Vereinigung mit TRIGLAV-Gruppe, Sichtkontakt aber keine Gefechtsberührung mit 10 anmarschierenden italien. Zerstörern; 12.12.1917 gemeinsam mit 5 Zerstörern, 9 Tbooten und 12 M-Booten Sicherung der Beschießung der Cortellazzo-Batterien durch Schlachtschiffe BUDAPEST und ÁRPÁD und Rapidkreuzer ADMIRAL SPAUN, Aktion wegen Schlechtwetters bald abgebrochen; 22./23.4.1918 mit den 3 Schwesterschiffen und CSEPEL Vorstoß in die Otrantostraße, Gefechtsberührung mit engl. Zerstörern JACKAL und HORNET, HORNET erhält Treffer in die Munitionskammer und bleibt beschädigt liegen; 17./18.5.1918 gemeinsam mit den 3 Schwesterschiffen Vorstoß in die Otrantostraße; 9.6.1918 für geplanten Angriff auf die Otrantosperre gemeinsam mit UZSOK, 4 Tbooten und Schlachtschiff PRINZ EUGEN Rückhaltegruppe B, Wartestellung Bocche di Cattaro (Abbruch der Aktion wegen Untergangs von SZENT ISTVÁN); 2./7.10.1918 Einsätze bei der Räumung von Durazzo; bei Kriegsende in Cattaro, Ende Januar 1920 von den alliierten Marinedelegationen in Paris Frankreich zum Abbruch zugesprochen, im Frühjahr 1920 nach Bizerta geschleppt, 20.9.1920 umbenannt in MATELOT LEBLANC[6]; August 1921 Abschluß der Ausrüstung, Verlegung nach Toulon; Mittelmeer-Flottendienst; Januar bis April 1923 Instandsetzung mit Material der von den Italienern ausgeschlachteten ex-k.u.k. Zerstörer FASANA und ZENSON; Flottendienst; 6.2.1924 bis 30.5.1925 wegen des schlechten Zustandes unbrauchbar, nach Reparatur Flottendienst; 1928 in Bizerta, 1936 gestrichen, 4.5.1936 kondemniert, 5.10.1936 in Bizerta an die Société Klaguine & Co. zum Abbruch verkauft.

UZSOK: 22./23.4.1918 mit den 3 Schwesterschiffen und CSEPEL Vorstoß in die Otrantostraße, Gefechtsberührung mit engl. Zerstörern JACKAL und HORNET, HORNET erhält Treffer in die Munitionskammer und bleibt beschädigt liegen; 17./18.5.1918 gemeinsam mit den 3 Schwesterschiffen Vorstoß in die Otrantostraße; 9.6.1918 für geplanten Angriff auf die Otrantosperre gemeinsam mit DUKLA, 4 Tbooten und Schlachtschiff PRINZ EUGEN Rückhaltegruppe B, Wartestellung Bocche di Cattaro (Abbruch der Aktion wegen Untergangs von SZENT ISTVÁN); 2./7.10.1918 Einsätze bei der Räumung von Durazzo; bei Kriegsende in Cattaro; Ende Januar 1920 von den alliierten Marinedelegationen in Paris Italien zugesprochen, im Frühjahr 1920 nach Bizerta geschleppt; 25.9.1920 umbenannt in MONFALCONE; im November 1920 von Bizerta nach Messina, im Juli 1921 von Messina nach Pola geschleppt; Umbau im Seearsenal Pola und in Venedig; ab 1925 bei der Eskadre in Venedig und Schulschiff für Maschinenschüler 1928 bis 1931 Flottendienst in Pola; 1931, 1932 Schulschiff, Auslandsfahrten, August/September Patrouillendienst in der Straße von Sizilien, um Schiffe abzufangen, die Nachschub für die spanischen Republikaner aus Rußland bringen, danach Eskadre in Venedig, 5.1.1939 gestrichen.

Hauptdaten:
880 ts Konstruktions-/1.050 ts Maximalverdrängung; Abmessungen: 85,28x7,8x2,40/3,20m; Antrieb: 6 WR.-Kessel, 2 AEG-Curtis-Turbinen, 20.650 WPS/32,8 kn; Bewaffnung: 2x10 cm L/50 K 11, 6 x 7 cm L/45 davon 2 Flak, 1 x 8 mm FlaMg; 4 ow Deck TR 45 cm; Besatzung: 115 Mann.

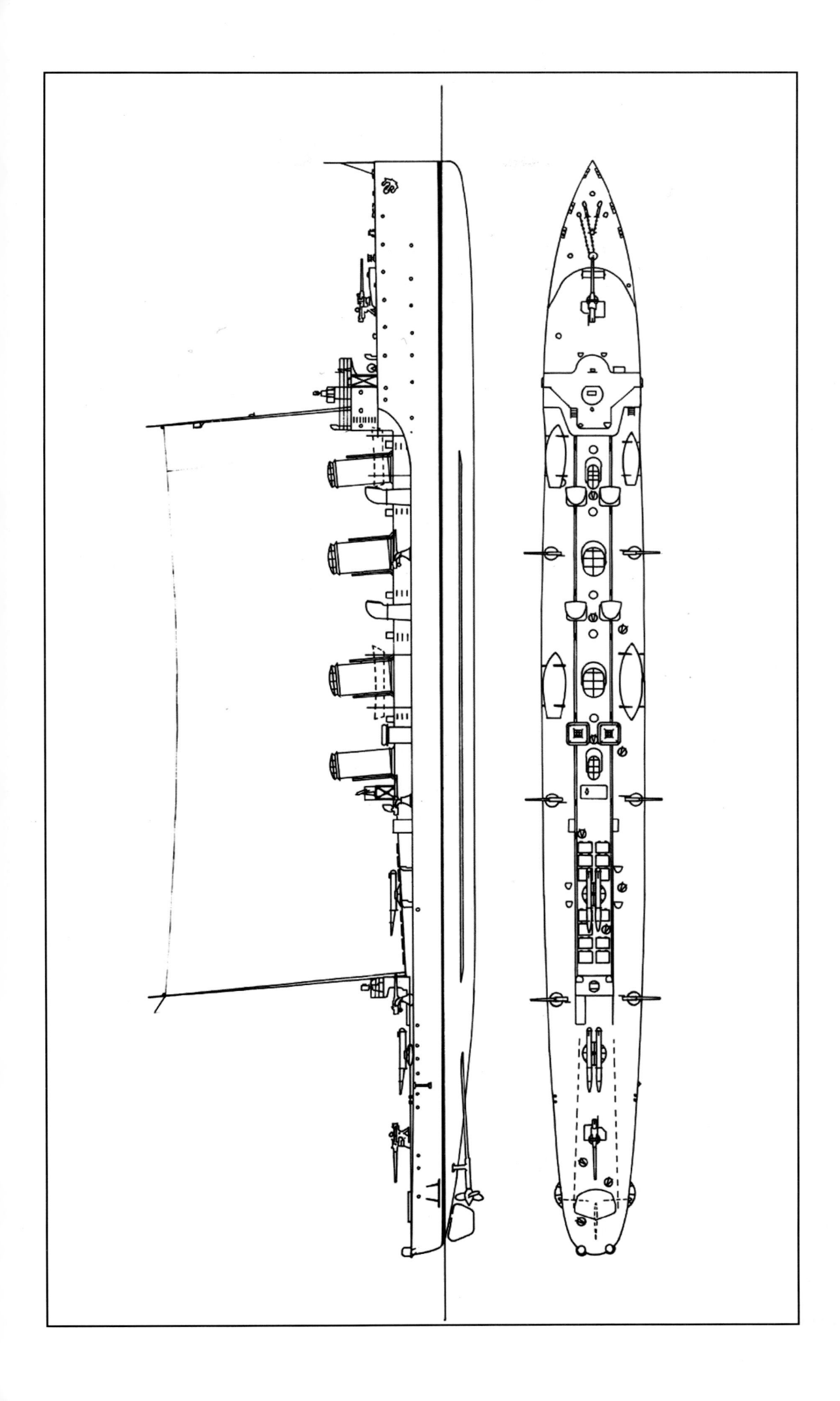

ERSATZ TRIGLAV-Klasse, Seiten- und obere Ansicht.

Drei Einheiten der Klasse Ersatz-TRIGLAV am 31. 12. 1917 in Pola. V.l.n.r.: TRIGLAV (II), LIKA (II) und DUKLA, ganz rechts STREITER.

Torpedoschuß auf DUKLA. Deutlich zu sehen die Dampffahne der Zusatzheizung. Die Zerstörer des Typs Ersatz-TRIGLAV führten einen blauen Ring am dritten Schornstein, d.h. sie gehörten zur 3. Fahrzeuggruppe der 1. Torpedodivision.

Unten:
Kohlenübernahme auf der DUKLA am 23. 4. 1918. Man beachte die beiden zweiflügeligen Semaphoren in den Brückennocken.

Oben:
DUKLA, Blick vom Mast nach achtern. Man beachte die 7 cm Flak, die ausgeschwenkten Doppel TR und die WaBo-Mulden am Heck.

UZSOK am 9. 6. 1918 hohe Fahrt laufend, das Krähennest ist besetzt. Der Zerstörer erreichte mit 22.500 WPS 33,36 kn. UZSOK war die letzte größere Einheit, welche die k.u.k. Kriegsmarine während des Krieges in Dienst stellte.

Der Zerstörer DUKLA, Aufnahme vom 5. 4. 1918.

Zerstörer DUKLA im April 1918.

DUKLA wurde nach dem Krieg Frankreich zugesprochen und fuhr unter dem neuen Namen MATELOT LEBLANC bis 1936. An äußerlichen Umbauten sind erkennbar: geschlossene Brücke mit E-Meßgerät darauf, vorderer Schornstein verlängert. Die Skoda-Geschütze wurden natürlich durch französische Schneider-Creuzot Kanonen ersetzt.

DER VERSTÄRKTE TYP TÁTRA

Wegen des starken Materialverschleißes bei den fortwährend im Einsatz stehenden Zerstörern forderte der Flottenkommandant am 26.6.1917 die rascheste Baulegung von acht Zerstörern eines verstärkten Typs TÁTRA nach den Rumpflinien des Typs Ersatz TRIGLAV. Erneut wurde von der Front die Verstärkung der Bewaffnung auf 12 cm und 9 cm Geschütze gefordert. Danubius legte am 8.11.1917 ein Offert mit dem doppelten Preis des Typs Ersatz TRIGLAV und begründete dies mit der Materialknappheit. Die Marine verhandelte den Preis um 12,5 % herunter und bestellte am 22.12.1917 vier Zerstörer mit den Bauzeiten von 14, 15,5, 17 und 18,5 Monaten. In dem am 4.7.1918 ausgestellten Schlußbrief wurde als offizieller Baubeginn jener Tag festgelegt, an welchem das vollständige, für die Konstruktion der Spanten und des Kiels erforderliche Material (ca. 200 t) in der Werft angeliefert ist. Wegen der Stahlknappheit kam es bis zum Zusammenbruch der österr.-ungar. Monarchie am 3.11.1918 zu keinem Baubeginn mehr. Die manchmal in der Literatur auftauchenden Schiffsnamen HONVÉD und LOĆEN sind reine Spekulation.

Hauptdaten:
880 ts Konstruktions-/1.050 ts Maximalverdrängung; Abmessungen: 85,28x7,8x2,42/3,20m; Antrieb: 6 Yarrow WR.-Kessel, 2 AEG-Curtis-Turbinen; 20.500 WPS/32,6 kn; Bewaffnung: 2 x 12 cm L/45, 4 x 7 cm L/50 4 ow Deck TR 45 cm; Besatzung: ? Mann.

PLANUNGEN WÄHREND DES KRIEGES

Bereits im März 1914 hatte das Marinetechnische Komitee darauf hingewiesen, daß die modernen ausländischen Zerstörer über 1.000 ts verdrängten. Obwohl die Marineleitung am 800-t-Typ TÁTRA festhielt, beschäftigte sich das MTK ohne Auftrag und inoffiziell mit Vorprojekten für größere Zerstörer. Ein erster solcher MTK-Entwurf datiert vom 17.3.1916, gleichzeitig wurde ein Offert vom Juni 1916 von Blohm & Voss, Hamburg, für einen 1.320-t-Zerstörer (40.000 WPS/35 kn, 4 x 15 cm, 6 TR 53 cm) abgelehnt, weil er nicht den österreichischen Anforderungen entsprach. Im Oktober 1917 plädierte das MTK bereits für einen 2.000-t-Zerstörer mit 4-15 cm L/50. Denn, "die Stärke der Hauptartillerie ist von ausschlaggebender Bedeutung für die taktische Verwendbarkeit der Fahrzeuge. Die Torpedowaffe hat sich auf den Zerstörern überholt, wir müssen auf Torpedo-Kanonenboote übergehen, die Artillerie muß stärker als die Torpedobewaffnung sein". Eine deutliche taktische Lehre aus den zahlreichen Vorstößen in die Südadria und den Begegnungen mit den artileristisch überlegenen Gegnern, von denen sich die k.u.k. Zerstörer nur Dank ihrer überlegenen Geschwindigkeit lösen konnten und so der Vernichtung entgingen. Im Entwurf des Flottenprogrammes für die Budgetanforderung 1918-20 vom 15. Juli 1918 wurden dann auch 12 Torpedofahrzeuge zu 2.400 t mit 4-15 cm, 4-9 cm FlaK, 4 TR 35 cm mit einer Geschwindigkeit von 36 bis 40 (!) kn gefordert als Ersatz für die 13 Zerstörer der HUSZÁR-Klasse. Hier zeichnet sich bereits der Trend zum großen Artillerie-Zerstörer, einem Zwischending zwischen Zerstörer und leichtem Kreuzer, ab, wie er dann in der Zwischenkriegszeit z.B. von der deutschen und der französischen Marine weiter verfolgt wurde.

Dazu gibt eine Projektskizze des MTK vom Oktober 1917 mit folgenden Hauptdaten: 2.000 ts Konstruktions-/2.350 ts Maximalverdrängung; Abmessungen: 124x10x3,20/3,60 m; Antrieb: 6 WR.-Kessel, 2 Turbinen; 43.000 WPS/37 kn; Bewaffnung: 4x15 cm L/50, 4x7 cm L/50 FlaK, 4 ow TR 53 cm in Zwillingssätzen.

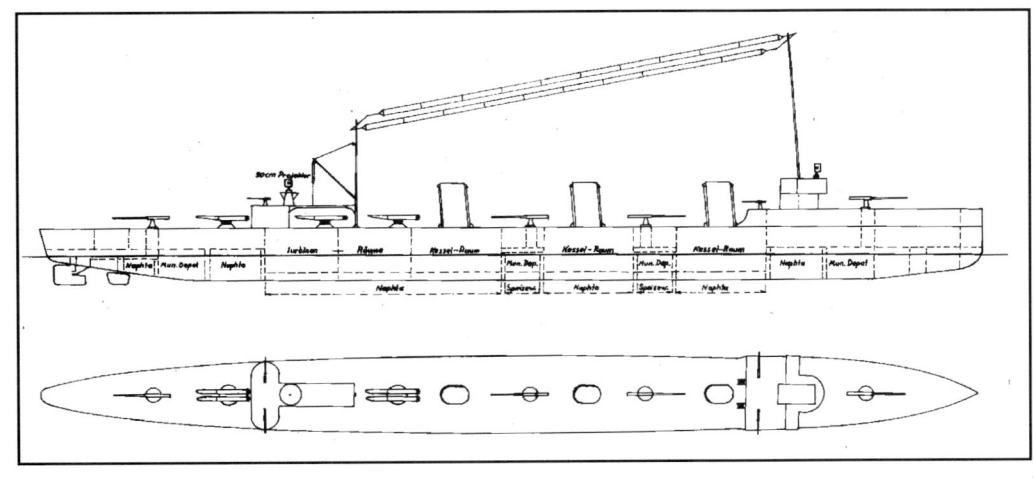

2000 t-Zerstörer, Projekt MTK vom Oktober 1917.

Anmerkungen im Text

[1] Diese großangelegte Flottenaktion mit Landzielbeschießung im verminten Golf von Triest, war als Unterstützung des Übergangs der 42. Honvéd-Division über den Piave im Rahmen der Piave-Offensive gedacht. Zehn k.u.k. Seeflugzeuge waren als taktische Erdkampfunterstützung und Schußbeobachter ebenfalls beteiligt. Wegen Schlechtwetters blieb die Aktion erfolglos. (vgl. Marine-Arsenal Nr. 27, Seite 27).

[2] Durch die Lage in der strikten militärischen Sperrzone der Tito-Insel Brioni blieb das in 24 m Tiefe liegende Wrack unbehelligt. Nach dem Zusammenbruch Jugoslawiens entwickelte sich in den letzten Jahren ein reger Tauchtourismus zum Wrack der BARON GAUTSCH, das inzwischen "besenrein" geplündert wurde.

[3] Der an Bord gebliebene Kommandant, lieutenant de vaisseau Roland Morillot, sprengte schließlich das U-Boot. 1947 benannten die Franzosen das deutsche Typ-XXI-U-Boot U 2518 nach diesem im Ersten Weltkrieg gefallenen U-Bootkommandanten.

[4] CARROCIO ex-NDL CHOISING, ex-Rickmers MADELEINE RICKMERS, 1.675 BRT. Diesem Schiff begegnen wir unter seinem damaligen Namen CHOISING auch in der deutschen Marinegeschichte. Auf ihm fuhr der Landungszug des bei den Kokosinseln versenkten deutschen Kleinen Kreuzers EMDEN nach dem arabischen Hodeida, wo die Truppe am 8.1.1915 eintraf. Danach fuhr die CHOISING nach Massaua. Nach dem Kriegseintritt Italiens auf der Seite der Entente wurde er beschlagnahmt und unter neuem Namen in Dienst gestellt.

[5] Die Österreicher ahnen nicht, daß es sich dabei um eine italien. U-Bootfalle handelt: 205 BRT, 1-47 mm SFK, 8 Mann.

[6] Benannt nach dem gemeinen Matrosen Jules Victor Marie LeBlanc, der als Marineartillerist bei Verdun am 21.5.1916 tödlich verwundet, die Marseillaise singend, seine Kameraden zum Angriff anfeuerte.

INTERNATIONALE FLOTTENNACHRICHTEN UND MARINERUNDBLICK

BRASILIEN
Flottenverstärkung durch "second hand"- Schiffe

Durch Haushaltsrestriktionen überzählig gewordene und im Bestand nicht mehr zu haltende, keineswegs veraltete Kriegsschiffe finden noch immer ihren Abnehmer. So geschehen ist es mit einigen britischen Fregatten der BROADSWORD-Klasse, Zulaufjahr 1979 bis 1982 und eigentlich noch weitere 20 Dienstjahre vorgesehen. Am 18. November 1994 kam es zu einem Kontrakt mit Brasilien, welcher die Übernahme der vier Fregatten BROADSWORD, BRILLIANT, BRAZEN und BATTLEAXE besiegelte. Die erste von diesen, die BROADSWORD, wurde vor einigen Monaten übergeben und ist inzwischen mit dem neuen Namen GREENHALGH in die brasilianische Marine eingegliedert worden. Zwei weitere folgen 1996, die vierte im Jahr 1997. Ursprünglich wollte Brasilien vier amerikanische Fregatten der KNOX-Klasse übernehmen, aber dies wäre nur als Leasing möglich gewesen. Beim Bekanntwerden der britischen Offerte ist diese Absicht fallengelassen worden und man entschied sich für die britischen Schiffe. Damit hat Brasiliens Marine eine bemerkenswerte Verstärkung erhalten.

Jetzt unter brasilianischer Flagge und Namen laufend: BROADSWORD, jetzt GREENHALGH, sonst unverändert geblieben.
Foto: H.&L. van Ginderen Collection

DEUTSCHLAND
Die letzte Rolle des Minensuchbootes FLENSBURG

Die FLENSBURG war eine der ersten Schiffsneubauten der neuen deutschen Marine; sie gehörte der gegen Ende der 50er Jahre gebauten LINDAU-Klasse an und wurde am 3. Dezember 1959 für das 8. Minensuchgeschwader in Dienst gestellt. Zweimal in ihrer 32 Jahre langen Dienstzeit trug sie Kollisionsschäden davon: Einmal im April 1984 mit einem polnischen Frachter und dann im Januar 1986 mit einem polnischen Frachter. In beiden Fällen entstanden durch die Reparaturen hohe Kosten. Bis Juni 1991 war die FLENSBURG soweit "abgefahren", daß sie aus ökonomischen Gründen den Dienst quittieren mußte. Nach der Außerdienststellung lag sie im Marinearsenal Wilhelmshaven, wo außer Bewaffnung, Geräte und Instrumente auch die Maschinen und die Antriebswellen ausgebaut wurden. Auf Grund einer Bewerbung wurde das Boot der Stadt Duisburg übereignet, die es als schwimmendes Heim für Jugendliche verwendet. Seit April 1995 liegt es vertäut in Duisburg-Rheinhausen. Die FLENSBURG ist das erste Boot der LINDAU-Klasse, das einem derartigen Verwendungszweck zugeführt worden ist.

Unten:
Minensuchboot FLENSBURG, jetzt auf dem "Altenteil" in Duisburg-Rheinhausen. Dort dient es als "Jugendschiff". Das Bild entstand im November 1995.
Foto: Rainer Schwandt

QATAR
Erstes FK-Schnellboot im Zulauf

Das Mittelost-Emirat orderte im Sommer 1992 bei der britischen Vosper-Thornycroft-Werft zwei erste FK-Schnellboote (zwei weitere stehen auf dem Programm). Diese gehören dem sog. "Vita"-Typ an und haben eine gewisse äußere Ähnlichkeit mit der von der deutschen Lürssen-Werft für Singapur entwickelten, aber etwas größeren VICTORY-Klasse. Das Klassenboot BARZAN absolviert gegenwärtig seine See-Erprobungen und soll in Kürze an den Auftraggeber abgeliefert werden. Bei 376 ts Einsatzverdrängung und Längen- und Breitenabmessungen von 56,30 resp. 9 m erreicht es maximal 35 kn Geschwindigkeit; seinen Antrieb erhält es von vier MTU-Dieseln, deren Gesamtleistung 18 740 PSe beträgt. Die Bewaffnung: Vier oder acht (je nach Bedarf) MM-40 "Exocet"-Seeziel-Flugkörper, ein Sechsfachstartgerät für "Mistral"-Nahbereich-Flugabwehrraketen, eine 76,2 mm-Schnellfeuerkanone und ein 30 mm-"Goalkeeper"-Fla-Rohrwaffensystem. Das zweite Boot soll im Mai 1996 abgeliefert werden, Aufträge für zwei Folgebauten sind noch nicht erteilt.

FK-Schnellboot BARZAN.
Foto: H.&L. van Ginderen Collection

RUSSLAND
KOMSOMOLETS wird "Sarkophag"

Keiner der nicht gerade seltenen russischen Uboot-Unfälle und Katastrophen seit 1945 haben weltweit soviel Beachtung gefunden wie der Untergang des Atom-Ubootes KOMSOMOLETS (NATO-Klassen-Codename "Mike") im April 1989 im Nordmeer. Dieses liegt in 1685 m Meerestiefe auf der geographischen Position 73° 43, 27' Nord und 13° 16,87' Ost. Inzwischen ist das Wrack im Hinblick auf die nukleare Antriebsanlage und die nuklearen Gefechtsköpfe von Waffen zu einer ernsthaften Umweltgefahr geworden. Russischerseits war wiederholt eine Bergung erwogen worden, deshalb wurden in den Jahren 1991 und 1992 mehrere Expeditionen zur Erkundung des Wrackzustandes gestartet. Dabei waren neben anderen Einheiten das moderne Forschungsschiff AKADEMIK MSTSLAV KELDYSH eingesetzt, von dem aus zwei "Mir"-Tieftauchboote (Tauchfähigkeit bis 6000 m) eingesetzt wurden. In sechs Taucheroperationen verbrachten sie zusammen mehr als 60 Stunden am Wrack, wobei sie über 100 Fotos schossen und mehr als 30 Grund- und Wasserproben entnahmen. Hierbei ist erkannt worden, daß der Druckkörper entgegen der ersten, noch 1989 vorgenommenen Wrackinspektionen im Hinblick auf die fortschreitende Korrosion eine Bergung um so schwieriger wird, je mehr Zeit vergeht, so daß sie schließlich mit einem unvertretbaren Risiko behaftet wäre, vor allem weil es noch an einer Technologie fehlt, die es zuließe, die zu erwartenden Risiken auf ein Minimum zu reduzieren. Selbst wenn es diese Technologie gäbe: Eine Hebung würde letztlich an der Kostenfrage scheitern, denn der russische Verteidigungshaushalt ist derart knapp, daß für derartige Vorhaben, so wichtig sie auch sein mögen, keine Gelder zur Verfügung stehen. So wurde beschlossen, das Wrack so abzudichten, daß es einem "Sarkophag" gleichkommt; es ist dies jedoch eine Lösung nur auf Zeit! Irgendwann wird dieses Problem wieder aktuell werden, dann aber wohl mit aller Brisanz.

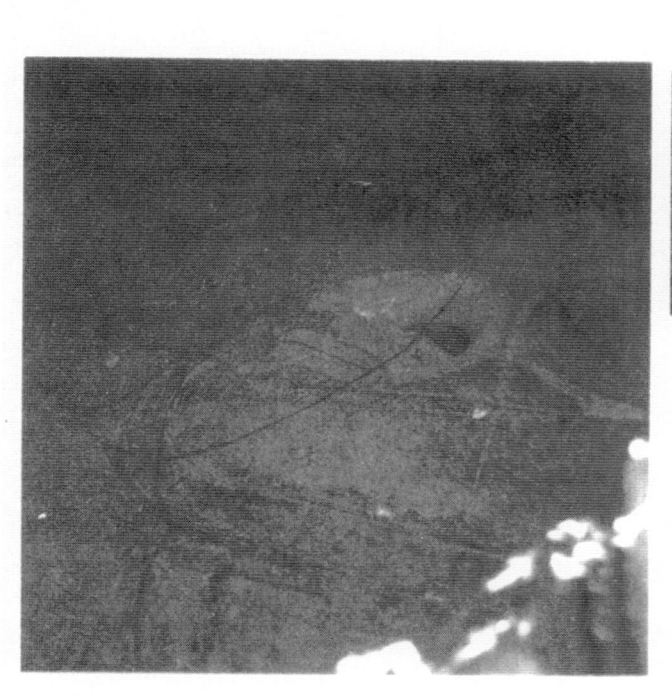

Eine Bildseite aus der russischen Marinezeitschrift "Morskoy Sbornik". Die Bilder zeigen eine erste Erkundungs-Expedition zum Wrack. Rechts oben eines der dabei eingesetzten "Mir"-Tiefsttauchboot", von dem aus die anderen Aufnahmen geschossen worden sind. Links oben sieht man auf den Rumpfvorderteil, links darunter eine Einstellung von achtern zur Turmrückseite und rechts auf einen hecknahen Bereich. (Aus "Morskoy Sbornik")

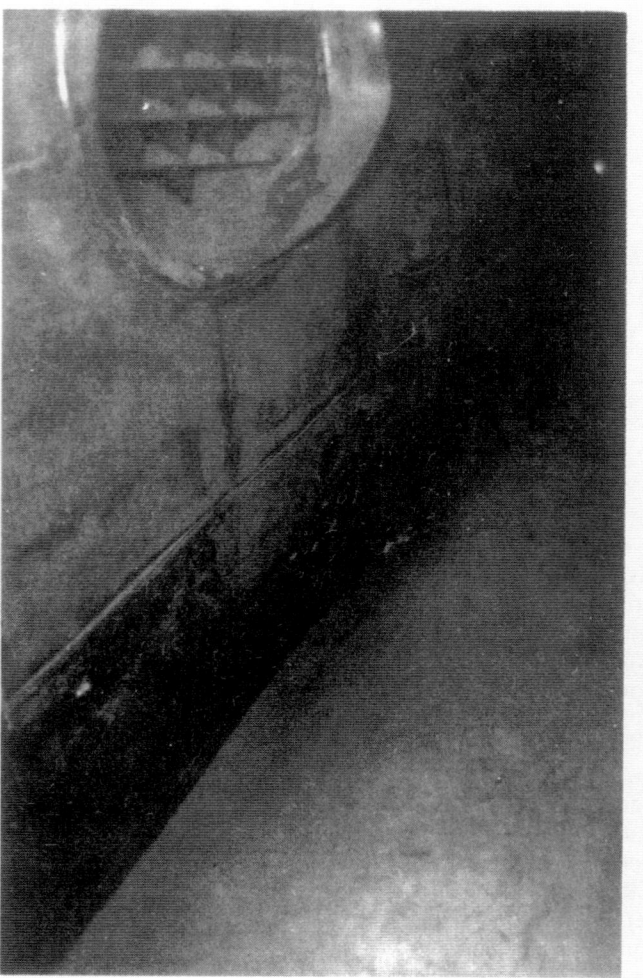

USA

Flugzeugträger JOHN C. STENNIS (CVN 74) in Dienst gestellt.

Am 9. Dezember 1995 wurde in Norfolk/Va. der siebte nuklear angetriebene Super-Flugzeugträger nach NIMITZ-Konzept in Dienst gestellt. Nach der Taufe im Baudock am 11. November 1993 konnte ihn die Bauwerft (Newport News Shippuilding) sieben Monate vor dem vertraglich fixierten Termin fertigstellen. Seinen Namen führt er nach einem Senator des Staates Mississippi, der acht amerikanischen Präsidenten (von Harry S. Truman bis Ronald Reagan) diente und in den Jahren 1969 bis 1980 das Amt des Vorsitzenden des Verteidigungsausschußes des Senats (SASC) inne hatte, wobei er sich in besonderer Weise um die Belange der Marine verdient gemacht hat. In der Navy wird er deshalb als "the father of Americy's modern navy" bezeichnet. Die Indienststellung des Trägers hat er nicht mehr erleben können, vor wenigen Wochen ist er verstorben. Im Bau befinden sich zwei typgleiche Träger: CVN 75 (Name: HARRY S. TRUMAN ex UNITED STATES) und CVN 76, der RONALD REAGAN heißen wird. Zur Flotte stoßen soll der eine im Sommer 1998 und der andere Ende 2002. Zu diesem Zeitpunkt wird das Klassen-Leitschiff NIMITZ schon 27 Dienstjahre hinter sich haben und des baldiges Ersatzes bedürfen; dieser reift in CVN 77 (Name noch nicht zugeteilt) heran. Von ihm ist sich die Navy sicher, daß er der letzte Träger nach NIMITZ-Konzept sein wird. Was danach kommen wird - im Klartext: Ob an den nuklear angetriebenen Superträgern festgehalten wird - ist zur Zeit noch völlig offen.

JOHN C. STENNIS, der neueste Flugzeugträger der U.S. Navy, hier noch in seiner Bauwerft.
Foto: "Proceedings"

Blick von achtern auf die "Insel" mit den Aufbauten der BOXER.
Foto: H.&L. van Ginderen Collection

USA

Baunummer 4 des LHD-Programms im Dienst

Im Februar 1995 hat die U.S. Navy ihr viertes Schiff der WASP-Klasse, die BOXER, in Dienst gestellt. Damit sind nunmehr zwei Drittel des in den 80er Jahren angelaufenen LHD-Programms erfüllt. Im Dienst befinden sich außer der BOXER die WASP (seit 1989), die ESSEX (1992) und die KEARSARGE (1993). Die beiden noch verbleibenden Einheiten BATAAN und BONHOMME RICHARD werden bis Mitte 1997 resp. 1998 folgen. Die Ursprünge dieses Programms gehen auf die letzten 70er Jahre zurück, als die Ost-West-Konfrontation noch in vollem Gange war. Zusammen mit den typgleichen, aber etwas älteren Einheiten das Rückgrat der amerikanischen Amphibik-Streitmacht.

Zukunftsprojekt "Arsenalschiff"

In die U.S. Navy ist neue Bewegung in den Kriegsschiffbau der Zukunft gekommen. Nach einer Pentagon-Studie soll an Stelle bisheriger konventionell ausgelegter Überwasser-Schiffseinheiten das sog. "Arsenalschiff" treten, das für weniger als die Hälfte der für einen nuklear angetriebenen Super-Flugzeugträger aufzubringender Bau- und jährlichen Unterhaltskosen zu haben sein soll. Es handelt sich dabei um eine schwimmende, höchst optimierte Waffenplattform von hohem Automatisierungsstandard. Anlaß für dieses zunächst noch rein studienhaft betriebene Projekt gab der Golfkrieg von 1991. Bei diesem waren von US-Kriegsschiffen nahezu 300 "Tomahawk"-Marschflugkörper abgefeuert worden, welche die Kampfhandlungen gegen den Irak einleiteten. Von ihnen erreichten 98 v. H. voll ihr Ziel und vernichteten es! In einem zukünftigen Waffengang könnte nach Auffassung der Pentagon-Planer ein solches Arsenalschiff mit mehr als 500 Rakete unterschiedlichster Art zukünftig vor den Gestaden angriffsverdächtiger Staaten auf Position liegen und zu einem frühestmöglichen Zeitpunkt deren Aufmarsch oder Kriegsvorbereitungen durch einen Hagel von Raketen zerschlagen, wie es im Krieg gegen den Irak geschah. Die jüngsten Generationen von zielansprechenden Marschflugkörpern sind heute so genau, daß sie in vielen hundert Kilometern Entfernung Panzeraufmärsche, Artilleriestellungen, Kommandozentralen und ähnliche Ziele zu treffen vermögen. Mit Hilfe von Aufklärungssatelliten, Überwachungsflugzeugen und unbemannten Kontrolldrohnen können die Zieldaten problemlos übermittelt werden. Auch beim "menschlichen Faktor" sind nach Ansicht der enthusiastischen Pentagon Planer beträchtliche Vorteile zu gewinnen: Mit einem Minimum Schlachtschiff verdrängte. Mit einem Satz: Langfristig könnte dies (muß aber nicht!) das "Aus" für den Flugzeugträger bringen. Zu alledem kommt noch hinzu: Im Vergleich zu den hochbordigen, kantig gebauten und daher leicht zu ortenden Flugzeugträgern würde das Arsenalschiff eine möglicherweise bessere Überlebensfähigkeit haben, etwa wenn sein Schiffskörper in See durch Ballastladung stark abgesenkt werden kann und - wie vereinzelt im Tankerbau praktiziert - aus zwei "ineinander geschobenen" Schiffskörperelementen besteht und außerdem die möglichst kärglich gehaltenen Aufbauten nach "Stealth"-Kriterien modelliert sind, so daß Strahlen von Ortungssystemen gar nicht oder allenfalls verzerrt reflektiert werden und es daher für den Gegner "unsichtbar" ist. Für die Entwicklungskosten eines solchen 250 bis 260 m langen Schiffes glaubt man im Pentagon, mit einer vergleichsweis sehr geringen Summe auskommen zu können, für einen Prototyp würden an Baukosten etwa 300 bis 550 Millionen Dollar Baukosten anfallen. Wenn alles gut geht, so schätzen seine Befürworter, könnte ein solches Schiff bald nach der Jahrhundertwende Wirklichkeit werden. Mit mehr als 500 Raketen an Bord würde es zumindest die Kampfkraft eines der heutigen Flugzeugträger haben, aber dennoch billiger sein, weil es u.a. mit einer Handvoll Besatzungsmitgliedern (die Rede ist von etwa 20 - wenn man sich da jedoch nicht täuscht!!) auskommt und als weiteres Plus eine hohe Einsatzeffektivität aufweist, wobei sehr viel weniger menschliches Leben aufs Spiel gesetzt zu werden braucht. Bei allem Enthusiasmus bleibt zu beachten: Mit einem solchen Schiff würde ein Mittel für die strategische Instrumentalisierung eines Konfliktes geschaffen, der jedoch schon globales Ausmaß haben müßte. Für den taktischen Einsatz in einem regulären Seekriegsszenario

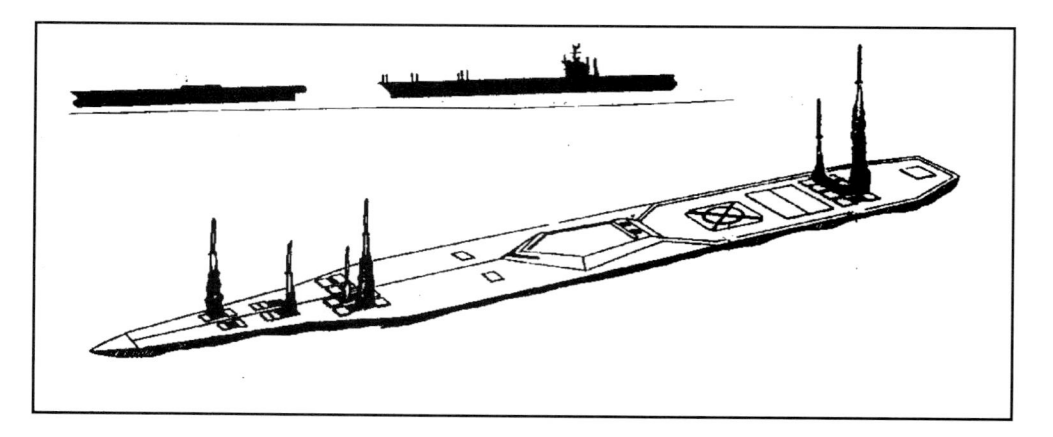

So stellt man sich das "Arsenalschiff" vor - eine schwimmende und bewegliche Raketenbatterie. Oben zum Vergleich die Silhouette eines solchen "Arsenalschiffes" und eines herkömmlichen Super-Flugzeugträgers. Zeichnung: "Proceedings"

von Besatzungsangehörigen würde ein Arsenalschiff auskommen. Voll automatisiert arbeitende Raketen-Nachladeeinrichtungen und von der Brücke aus fernsteuerbar ausgelegte Maschinenanlagen könnten es möglich machen, mit einem Besatzungsminimum zu fahren und es gefechtsbereit zu halten. Admiral Jeremy S. Boorda, an der Spitze der U.S. Navy stehend, stimmt diesem Projekt voll zu und verheißt ihm einige Zukunftschancen. Zwar würde ein solches Arsenalschiff (in Pentagon-Kreisen auch als "Missile Barge" im Gespräch) die bisherigen in der Beschaffung 4,5 Milliarden Dollar teuren und in der jährlichen Unterhaltung mit 400 Millionen Dollar zu Buche schlagenden Flugzeugträger nicht sofort überflüssig machen, aber es könnte eine Entwicklung initiieren, wie sie in den 20er und 30er Jahren durch eben diesen Flugzeugträger erfolgte und letztendlich das scheint es hingegen völlig ungeeignet - aber soweit soll es ja gar nicht kommen: Mit dem Arsenalschiff sollen gegnerische Angriffsabsichten zunichte gemacht werden können, noch *bevor* diese zum Zuge kommen, zumindest will man sie im Keim ersticken können. Aber es gibt auch Gegenargumente gegen das Projekt; etwa in diesem Sinne: Was würde passieren, wenn ein solches Arsenalschiff vom Gegner voll getroffen würde und samt seiner Raketenladung hochgeht (von denen ja eine stattliche Anzahl mit nuklearen Gefechtsköpfen bestückt wäre)? Und das ist nicht allein der einzige Punkt, der dagegen spricht. Vorerst sind die Dinge noch im Fluß und in einer "emotionalen" Phase, aber mit einer schnellen Entscheidung ist ganz sicher nicht zu rechnen. Erst wenn alle Pro und Kontra klar zutage liegen, wird sie fallen können.

DIE HISTORISCHE SEITE

Vor 110 Jahren: Panzerschiffe aus Deutschland für China

In den 80er Jahren des letzten Jahrhunderts kam es zu einem Rüstungsgeschäft besonderer Art zwischen dem Kaiserreich China und der deutschen Vulcan-Werft in Stettin. Dieser Vorgang hatte einen historisch interessanten Hintergrund: 1875 war auf dem Stettiner Vulcan mit dem Bau des Panzerschiffes (damals "Panzerkorvette" genannt) SACHSEN begonnen worden, dem ersten Doppelschrauben-Kriegsschiff der damals noch jungen deutschen Marine. Bei dieser hatte man den Versuch "gewagt", ganz ohne Besegelung auszukommen, die bis dahin noch obligatorisch war. Zu dem am 21. Juli 1877 anstehenden Stapellauf waren Diplomaten aus China und Japan eingeladen worden, um ihnen den Leistungsstand dieser Werft deutlich zu machen - dabei hatte man selbstverständlich ein Exportgeschäft mit den fernöstlichen Ländern im Auge, das auf diese Weise einen Anreiz bieten sollte. Zwei Jahre danach, als China eine Verstärkung seiner schwächlichen Flotte durch Panzerschiffe beschlossen hatte, wandte es sich sowohl an die damals dem deutschen Standard erheblich überlegene britische Schiffbauindustrie als auch an den Stettiner Vulcan. Entgegen aller Voraussagen ging der Auftrag nach Stettin! Ein entsprechender Vertrag kam am 8. Januar 1881 zustande. Schon am 28. Dezember des gleichen Jahres konnte das erste Schiff, TING YUEN, den Helgen verlassen. Das zweite, CHEN YUAN, kam am 28. November 1882 zu Wasser. 1884 wurden beide fertig und nach Abschluß ihrer Erprobungs- und Abnahmefahrten gingen sie auf ihre lange Reise in den fernen Osten, den sie im November 1885 erreichten. Auf chinesische Forderungen hatten sie eine Not- oder Hilfsbesegelung erhalten - so ganz trauten die Auftraggeber dem maschinellen Antrieb durchaus nicht... gleichwohl brauchten auf der langen Reise die Segel nicht gesetzt zu werden, Maschinen und Kessel arbeiteten einwandfrei.

Nach der ursprünglichen Planung sollten fünf solcher Panzerschiffe beschafft werden; dazu ist es aber auf Grund des stetig herrschenden Geldmangels nicht mehr gekommen[1]. Beide Einheiten blieben daher die einzigen ihres Typs, über welche die Marine Chinas in jener Ära verfügte. Von ihnen fuhr TING YUEN als Flottenflaggschiff. Der 1894 ausgebrochene Krieg zwischen China und Japan wurde beiden Schiffen zum Schicksal: In der Seeschlacht vor der Yalu-Mündung am 17. September 1894 erzielten ihre Gegenspieler auf ihnen eine Reihe von Granattreffern, doch blieben die Hauptgefechtswerte erhalten.

Zwar wiesen sie teils erhebliche Zerstörungen an Oberdeck auf, aber ihre Panzerung hatte standgehalten: Keine einzige Granate konnte ihn durchschlagen. Aber einige Monate später ging die TING YUEN verloren: Sie erhielt am 5. Februar 1895 einen Torpedotreffer des japanischen Torpedobootes Nr. 23 und sank am folgenden Tag. Ihr Schwesterschiff CHEN YUAN wurde am 9. Februar 1895 bei Weihaiwei mehrfach von japanischer Heeresartillerie getroffen und erlitt dabei so schwere Schäden, daß der Wassereinbruch nicht mehr zu stoppen war und sie auf den flachen Grund absackte. Am 12. Februar 1895 ist das Wrack dann von den Japanern vereinnahmt worden; nachdem es abgedichtet und repariert war, wurde es unter dem neuen Namen CHIN'EN in Japans Flotte eingegliedert. Nur fünf Jahre später ist es dann gestrichen und bis 1911 abgebrochen worden, nicht weil es nicht mehr brauchbar war, sondern weil im Hinblick auf die "Dreadnought"-Entwicklung kein Bedarf mehr für seine Indiensthaltung bestand.

Diese beiden damals stärksten Einheiten der chinesischen Flotte gehörten zum Typ der sog. "Turmschiffe", weil sie ihre Hauptartillerie in drehbaren Türmen führten, wie es gleich zu Anfang der gepanzerten Hauptkampfschiffe praktiziert worden war[2]. Sie kamen auf ein Konstruktionsdeplacement von 7220 t und erreichten 7630 t Einsatzdeplacement. Ihre äußeren Abmessungen beliefen sich auf 93,88 m Länge über alles, 17,98 m größter Breite und 6,10 m mittlerem Tiefgang. Für ihren Schutz wurde Compound-Panzermaterial in den folgenden Dicken verwendet: Seitenpanzer 356 mm, Panzerdeck 76 mm, Barbetten 305-356 mm, Kasematten 203 mm und Kommandostand ebenfalls 203 mm. Zwei zweifachwirkende Expansions-Dampfmaschinen erhielten ihren Dampf von acht Zylinderkesseln und leisteten zusammen 6200 PSi, womit 14,5 kn Geschwindigkeit zu erreichen waren. Die Bewaffnung bestand aus vier 30,5 cm-Ringkanonen L/20 von Krupp in zwei im Mittelschiff diagonal zueinander angeordneten Zwillingstürmen (wodurch jeder von ihnen nach beiden Seiten feuern konnte!), zwei 15 cm-Ringkanonen L/35 in Einzeltürmen (je einer in den Endpositionen), acht 3,7 cm-Revolverkanonen zur Torpedoboot-Abwehr und zwei 35 cm-Überwasser-Torpedorohre. Darüber hinaus führten sie jeweils zwei sog. "nichtautonome" Torpedoboote mit, die bei taktischem Bedarf auszusetzen waren und im Artilleriegefecht den Gegner mit ihren Torpedos angreifen sollten. Diese Boote hatten 14 t Deplacements, waren 19,7 m lang und 2.6 m breit; sie besaßen eine Vulcan-Zweifachmaschine zu 200 PSi, womit sie auf 15 kn Geschwindigkeit kamen. Die Bewaffnung bestand aus zwei 35 cm-Überwasser-Torpedorohren im Bug.

---

[1] Vgl. hierzu Breyer/Meister, Die Marine der Volksrepublik China, München 1982, S. 12 ff.

[2] Das heißt, sie waren weder Kasematt- noch Barbette- noch Kasematt-Barbettschiffe wie bis dahin vielfach üblich (Begriffserläuterungen bei Breyer, Schlachtschiffe und Schlachtkreuzer 1905-1970, München 1970 (englische Ausgabe unter dem Titel Battleships and Battlecruissers 1905-1970, London 1973).

Die ehemals chinesische CHEN YUAN als japanische CHEN'EN, aufgenommen im Juni 1897 in Kobe.

Seitenansicht und obere Ansicht der Panzerschiffe vom Typ TING YUEN.
Zeichnung: Archiv Breyer

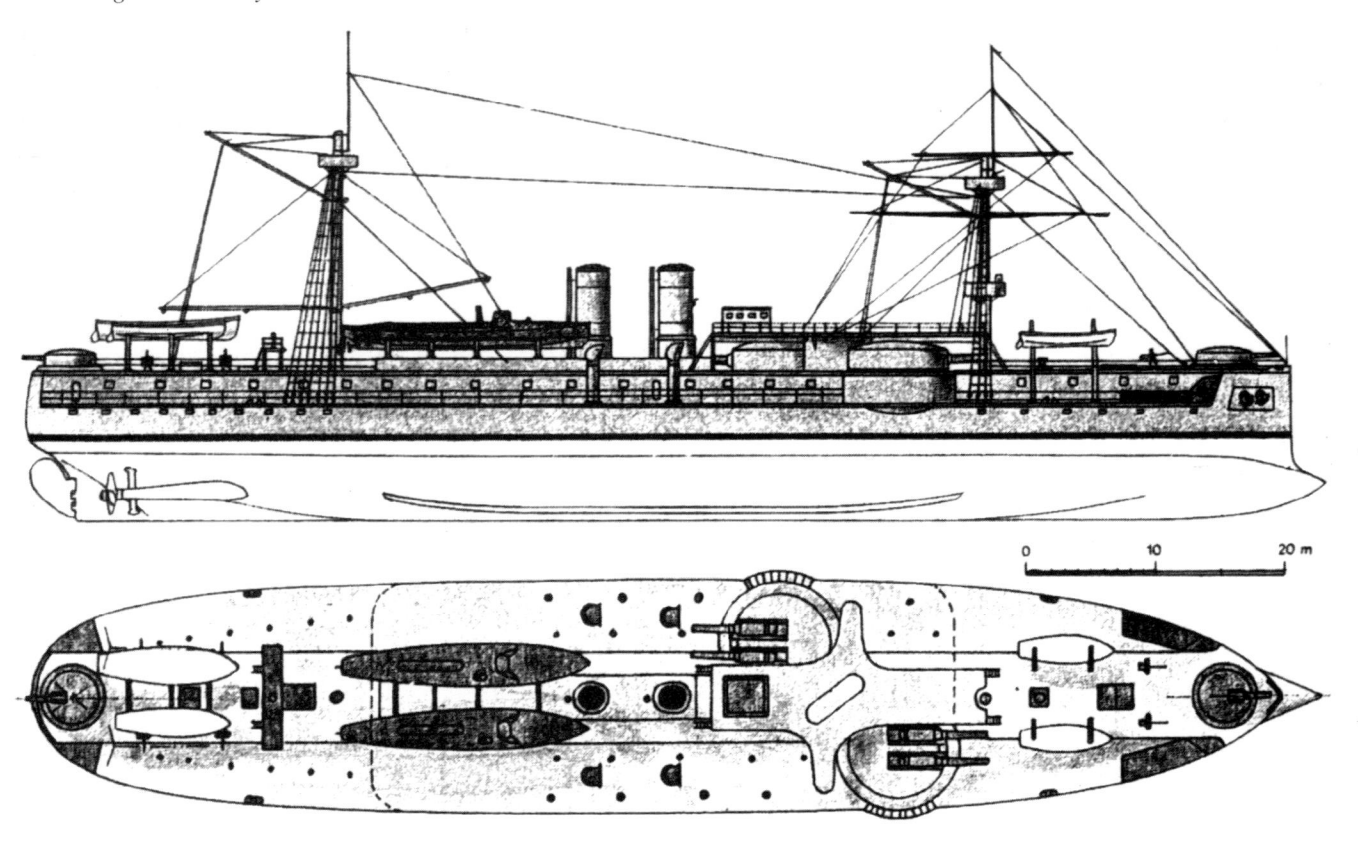